이 세상의 죄인들을 위한 신앙시와 복음 단상

예수, 황혼에 돌아보다

도서출판
세컨리폼
second reform

죄인인 나를 사랑하여 십자가에서 내 죄를 도말하시고
당신의 신부(新婦) 삼아주신 주님과 그리고 젊은 시절부터
지금까지도 사랑의 길을 동행하고 있는 아내에게 이 시와
단상을 올려 드립니다.

혼자서 할 수 없는 게 두 가지가 있다.
하나는 결혼이요, 하나는 그리스도인이 되는 것이다.
―폴 트루니에(정신과 의사, 작가)

기독 변증(辨證)의 시학은 가능한 것일까?

박남훈 목사(문학평론가, 주안교회 담임목사)

하창길 시인이 두 번째 시집 추천사를 부탁한다는 연락을 해왔다. 재작년인가 첫 신앙시집 『마음의 샘터에서』의 해설을 부탁한다고 했을 때, 아니, 희곡 작가가 시집을 낸다고? 이러면서 놀랐고, 거기다가 그저 그러려니 했던 시들의 수준이 예사롭지 않아서 또 한 번 놀랐었다. 이번에도 필자는 솔직히 놀라지 않을 수 없었다. 그냥 인생 시집 한 권쯤 내시는가 보다, 이렇게 생각했었는데, 필자의 이런 성급한 생각을 단번에 깔아뭉개면서 두 번째 시집이 불쑥 튀어나왔기 때문이었다. 시인의 연배를 생각해 볼 때 대단한 열정이고 창작력이다, 이런 생각을 하지 않을 수 없었다는 얘기다.

이번 시집의 서문이 아홉 개의 장면들로 이루어진 사실이 몹시 흥미롭다. 희곡 작가답게 서문에 장면들을 깔면서 시집을 시작하고 있기 때문이다. 장면#1은 신앙 예화다. 하나님을 찾지 않는 세태에 대한 교훈적 예화다. 장면#2는 시인의 간증이다. 하나님 아버지의 존재를 깨닫게 된 간증이다. 부르심이 시작된 것이다. 장면#3은 하나님의 임재를 경험한 간증이다. 동료 교사의 차 안에서 거룩한 평강이 임했던 체험을 말한다. 장면#4는 가족사와 개인적 회심의 체험 장면이다. 장면#5는 십자가를 통해 구원의 길을 여신 하나님께서 죄인들을 기다리고 계심을 다시 한번 환기한다. 장면#6은 이 시집이 복음의 통로, 구원의 통로가 되기를 열망하는 내용이다. 장면#7은 다시 이 시집을 통해 기다리시는 하나님을 독자들이 만나기를 열망하는 내용이다. 장면#8은 첫 번째 시집이 하나님과 성도의 사랑을 노래했다면, 두 번째 시집은 그 사랑과 더불어 그 사랑을 전하는 시, 세상 세계관에 대해 비판적인 시, 복음을 직설적으로 전하는 시를 담고 있음을 설명한다. 그리고 마지막으로 장면#9는 예수 그리스도의 십자가 없이 죽는 사람이 없기를 바라는 마음을 간절히 표출하고 있다.

이 아홉 개의 장면은 사실 이번 시집의 시들이 담고 있는 주제 지향이라고 보면 된다. 이런 주제들은 첫 번째 시집도 그러했고, 사실 모든 기독교 복음 진리를 담고 있는 신앙시들이 보편적으로 갖고 있는 것이기도 하다. 그런데 필자는 이번 시집에 실린 시들 중에 특별히 특이한 시들을 몇 편 만났다. 바로 시인이 '세상 세계관에 대해 비판적인 시'라고 명명한 시들이다. 그들 중 하나를 소개하면 「평등에게」라는 시를 들 수 있다.

평등은 공동묘지와도 같다.
평등하지 않은 모든 다양함을 죽인 후에
그 기막힌 평등이 비로소 말을 잃고
저리도 조용히 평등하게 묘지에 누워 있으니

평등은 프로크루스테스의 침대
가난과 부를 평등하게 한다고
부자들의 목과 다리를 잘라 내었지.

(그때 진리도 사랑도 함께 잘려 나가고 인륜조차 잘려 나가, 아들 손에
는 어미의 피를 묻히게 했지. 다른 사람보다 손이 고우니 평등하지 않다
고 구덩이에 파묻고 다른 사람보다 지식이 많으니 평등하지 않다고 그
들의 목도 잘랐지. 평등보다 귀한 진리와 사랑과 자유도 굴비처럼 엮어
줄줄이 시베리아로 귀양 보냈지. 만세무강하라. 잔혹한 시베리아의 평
등이여. 그래서 진정한 평등주의자, 프로크루스테스가 의아해서 묻는
다. 왜 가난한 사람들의 팔과 다리는 늘려 죽이지 않았을까?)

그러나 참으로 평등한 것은 언제나 시간
왕에게나 노예에게나 평등하게 흐르나니
그래서 평등한 죽음으로 인도하나니

예수, 황혼에 돌아보다

그러나 평등한 죽음 이후에는
공정한 심판이 그들을 기다리고 있다네.
―그대 평등이여 의로웠는가?
―그대 평등이여 죄인들을 사랑했는가?
―그대 평등이여 그대의 주인인 진리를 따랐는가?
공정하신 그분의 질문 앞에 그대,
정직하게 대답해야 하리.

천국은 평등하지 않고 거룩하리니
천국에는 평등이라는 묘지가 없고
다양한 꽃들로
다양한 화음으로

언제나 천천과 만만의 사랑의 합창으로
평등이 그토록 멸시한
영광의 주님을 경배하리니

진리는 넘쳐나도
그곳에는 시기와 질투가 없고
은혜는 늘 낮고 낮은 곳으로 흐르고 흘러

감사와 기쁨으로 서로를 내어주며
서로를 사랑과 감사로 화답하는데
그대 평등이여
거룩한 천국에는 그대가 쉴 안식이 없으니
거룩한 사랑과 가난한 심령들이 서로 만나
화음(和音)으로 교향곡이 연주되는 그곳에는
그대의 진짜 이름인
질투와 시기와 증오는 끼어들 틈조차 없으니

오, 탐욕과 질시와 교만의 다른 이름, 그대 평등이여.
그대가 따라야 할 진리를 떠나
그대 홀로 진리이기를 바랄 때,

그대 평등이여.
지옥조차 그대에게는 평등하지 않으리니

　이 시는 세속적인 이데올로기에 대해 준엄한 경고를 담고 있다. 동시에 평등 이데올로기를 복음과 분별하는 변증적인 전략을 수행하고 있다. 필자는 이런 시들을 쌍수를 들고 환영한다. 필자는 이런 유형의 시들을 기독교 시의 한 중요한 하위장르로 설정하고 싶다.

예수, 황혼에 돌아보다

이런 시들은 좌파적 사고들을 단순히 공격하는 의미만을 갖지 않는다. 오히려 평등의 환상에 사로잡힌 좌파들과 적극적으로 소통하려는 대화적 상상력을 보여주고 있다고 필자는 생각한다. 진정으로 변증적인 글쓰기는 상대에 대한 적대적 독서나 선포가 아니라 대화적이며 설득적이며 공감적인 것이어야 하기 때문이다.

이런 관점에서 필자가 그렇게 열망하던 '기독 변증' 시학 가능성을 이 시는 잘 보여주고 있다고 생각한다. 이 시대의 복음주의는(혹은 복음은) 전투적이어야 한다. 그 어느 시대보다도 전투적이고 전략적이고 변증적이어야 한다. 그리고 설득적이고 대화적이어야 한다. 굳이 필자가 이 시를 해설할 필요를 느끼지 않는다. 이 시 자체가 평등을 주장하는 이런 시대적 명제에 부응하는 시를 만난 것, 필자는 너무 가슴이 벅차오른다. 복음주의 문화는 한 손에 복음을 들고, 다른 손에는 펜을 들고, 싸우면서 설명하고, 설명하면서 싸워야 한다. 싸우면서 설득하고, 설득하면서 공감시켜야 한다. 단언컨대 「평등에게」, 이 시가 그런 시다. 하창길 시인의 건투를 빈다.

자연 계시로 생명의 복음을
전하는 열망을 담은 시와 단상

송영목 교수(고신대 신학과)

늘 느낀 바처럼 본서를 읽으면서 시인의 정신세계가 심오함을 다시 깨닫습니다. 그런데 그리스도인 시인의 신앙 세계는 더 심오하고 은혜롭습니다. 하창길 시인은 자연 계시를 생명의 복음이라는 특별계시로 이해하고 잘 해석합니다.

석양, 눈, 비, 바람, 바다, 백사장, 호수, 강, 이슬, 별, 갈대, 꽃, 산, 언덕 등이 그의 신앙과 정신의 레이더망에 들어옵니다. 그는 신앙으로 해석된 자연 계시를 불신 독자에게 소개하기에, 자연 계시는 연결고리이자 접촉점입니다. 이와 같은 맥락에서 「벨직신앙고백서」제2조는 "우주를 창조하시고 보존하시며 통치하시는 것을 통하여 하나님을 아는데, 이 우주는 우리 눈앞에 있는 가장 훌륭한 책과 같고 그 안에 있는 크고 작은 많은 피조물은 글자와 같아서, 그것들은 사도 바울이 말한 대로(롬 1:20) 하나님의 보이지 않는 속성들인 그분의 능력과 신성을 우리로 묵상하도록 인도합니다."라고 고백한 바 있습니다.

본서는 시, 시에 대한 복음 단상, 그리고 관련 성경 구절을 차례대로 제시합니다. 특히 복음 단상에는 복음에 대한 신앙고백, 여러 신학자나 철학자의 글, 그리고 자신의 간증을 은혜롭게 소개합니다. 저자는 특히 생을 반추해야 할 황혼에다 다른 그리스도인이건, 비신자이건 독자들에게 십자가의 사랑, 즉 '하늘'로 표현하고 있는 하나님의 은혜, 생명의 복음, 참 기쁨과 감동을 훌륭하게 소개합니다.

　저자가 경험했을 기도와 고뇌 그리고 벅찬 구원의 감격과 하나님의 은혜를 떠올려 봅니다. 하나님과 그리고 그리스도를 모르고 죽어가고 있는 세상의 불쌍한 사람들을 향한 저자의 사랑과 열정에 존경과 응원을 보냅니다.

…아무도 나를 찾으려 하지 않는구나

◆ 장면#1

브래넌 매닝의 글에서 읽은 이야기다. 어느 날 랍비 바룩(Barukh)의 손자 여히엘이 다른 아이와 같이 숨바꼭질을 하고 있었다. 그 아이는 꼭꼭 숨어서 술래가 자기를 찾아주기를 기다리고 있었다. 20분쯤 지난 뒤 그 아이는 몰래 숨은 곳에서 밖을 내다보다가 아무도 보이지 않자, 다시 자기 머리를 안으로 숨겼다. 아주 오랜 시간을 기다린 뒤, 그 아이는 숨었던 곳에서 나왔다. 하지만 술래는 어디에도 보이지 않았다. 그제야 여히엘은 자기 친구가 처음부터 자기를 찾지도 않았다는 걸 알아차렸다. 아이는 울면서 할아버지에게로 달려와서는 배신한 친구에 대해 불평을 늘어놓았다. 하나님께서도 똑같은 말씀을 하고 계신다는 사실을 깨닫는 순간 랍비 바룩의 눈에서는 눈물이 흘렀다. '내가 숨어 있는데 아무도 나를 찾으려 하지 않는구나.'

◆ 장면#2

아주 오래전 어릴 때 이야기다. 지금의 초등학교 3, 4학년쯤이었을까. 친척집 동네 아이들과 철도공작창 다리를 건너갔다. 아이들과 흩어져 철길을 따라 홀로 서녁 하늘을 보며 걷는데, 갑자기 이런 생각이 세미하게 마음에 떠올랐다. 그것은 우리 아버지가 저 하늘에 있다는 생각이었다. 이상했다. 아버지는 지금 친척집에 놀러 와 계시는데… 하늘 아버지라니…? 잠시 혼란스러웠다. 돌아 나오는 길에 내가 하나님의 일을 해야 한다는 생각이 또 들었다. 그런데, 바로 그렇게 하겠다고 대답하지 못했다. '싫어요, 싫어요…. 좀 놀다가, 놀다가 할게요. 그러나 버리지는 말아주세요.' 그렇게 기도했다. 이상한 일이라고 생각했으나, 시간이 지나면서 잊었다.

✦ 장면#3

세월이 흘렀다. 내성 로터리에서 나를 태운 탄 차는 좌회전 신호를 기다리고 있었다. 3, 4분 정도의 시간이었을까…. 퇴근길에 방향이 같아서 나를 데려다주는 동료 선생님의 차 안에 갑자기 거룩한 평강이 임했다. 세상에! 그런 평안이 없었다. 소저너 트루스(Sojourner Truth)가 주님을 만났을 때의 체험처럼 공기조차 다이아몬드처럼 빛이 났다. 그런데 단순한 다이아몬드가 아니라, 정밀(靜謐)한 생명으로 넘치는 살아 있는 빤짝이는 공기였다. 거룩하고 완전한 한 인격의 임재로 나는 다른 세상을 맛보고 있었다. 누군가가 차 안을 사랑과 평안으로 가득 채우고 있었다. 일부러 뒷좌석을 돌아보았다. 물론 아무도 없었다. 돌아가신 아버지가 오신 것일까…그런 생각도 했으나… 사람이 줄 수 있는 그런 평강은 결코 아니었다. 절대적인 완전한 평안…. 평안, 완전한 평안이었다!

◆ 장면#4

어머니는 무당이 되었다. 어릴 적 죽은 큰아들을 모신 무당이 되었다. 그러던 어느 날 죽은 아이 영혼을 내 몸에 싣겠다며 제단을 불태웠다. 그리고 세월이 흘러, 처가 일과 겹쳐 어머니는 영적으로 육적으로 힘겨워했던 일이 있었다. 한의원도 가고… 정신병원도 가고, 굿도 하고… 성당 사람도 오고, 이웃 집사님의 소개로 교회 사람들도 기도하러 오고…. 여러 방책을 강구했으나 결국 돌아가셨다. 그 일로 아내와 나는 교회에 나가게 되었다. 교회에서 예수님의 이야기를 들었다.

그러던 어느 날, 방 안에 앉아 눈밭에 찍힌 예수님의 얼굴 사진을 보며 신앙을 분명하게 하고 싶었다. 그리고 돌아가신 어머니를 기억했다. '그래, 귀신도 어머니 몸에 들어오려고 했다면, 좋으신 하나님이 내 안에 들어오지 않을 턱이 없어.' 그래서 예수님의 십자가의 피로 내 죄를 덮어주시고 내 안에 들어와 달라고 마음속으로 기도했다. 그러자 세상에! 어떤 뜨거운 물방울 같은 것이 내 심령 안에 후둑후둑 떨어졌다. 그리고 어떤 큰 손이 내 안을 훅 걷어내었다. 그리고 내 심령의 밑바닥의 죄가 보였다. 세상에 그런 부패함이라니! 죄, 부패, 그 자체였다!

가장 먼저 들었던 생각은 나를 지옥에 던진다 해도 할 말이 전혀 없다는 것이었다. 그렇게 내 마음이 부패한 줄은 몰랐다. 그런데 더 놀라운 것은 동시에 내가 성령으로 거듭나서 구원받았다는 사실이었다! 그리고 그날부터 내 안의 죄성과의 싸움은 시작되었다. 구원의 감격

예수, 황혼에 돌아보다

과 주님의 놀라운 위로, 그리고 죄성과의 싸움⋯ 이 둘을 번갈아 가며 주님은 신앙의 길을 지금까지 인도하셨다. 그리고 어릴 적 어린아이의 작은 기도를 외면하지 않으시고 오래 참아주신 그 깊은 은혜에⋯ 그저 할 말을 잃는다. 그저 무한한 감사를 올려드릴 뿐.

✦ 장면#5

우리의 창조주요, 아버지요, 구원자이신 분이 우리와 만나기를 원하신다. 더구나 하나님은 하나뿐인 독생자를 보내어, 우리의 죄를 대신 담당하게 하시고 십자가에서 죄인인 우리를 만날 모든 준비를 모두 끝마치셨다(사 53:4, 5). 그것이 성경에서 말씀하는 예수 그리스도가 진 골고다의 십자가다. 이제 하나님은 숨어 계신 하나님이 아니라, 십자가에서 우리의 죄의 문제를 해결하고, 화해의 두 팔을 벌리고 우리가 돌아오길 기다리시는 분이시다.

✦ 장면#6

혹 불신자가 이 책을 선물 받았으면, 선물한 분이 당신의 영혼을 사랑하여서 그러했을 것이다. 여러 가지 문제로 마음이 무너지고 있는가? 예수님은 상한 갈대를 꺾지 않고, 꺼져가는 등불을 끄지 않는 분이시다(사 42:1-3). 불의한 세상에 참된 공의에 목말라하는가? 그분은 정의를 시행하시는 분이시다(사 42:3, 4). 죽어가고 있는가? 영생이 필요한가? 죄로 양심이 고통받고 있는가? 가족에게 실망했는가? 그대 자신에게 실망했는가? 영원한 구원자를 만나고 싶은가? 천국에 가고 싶지 않은가? 구원자이신 하나님은 말씀하신다.

'나 여호와가 말하노라 너희는 나의 증인, 나의 종으로 택함을 입었나니 이는 너희가 나를 알고 믿으며 내가 그인 줄 깨닫게 하려 함이라 나의 전에 지음을 받은 신이 없었느니라 나의 후에도 없으리라 나 곧 나는 여호와라 나 외에 구원자가 없느니라(사 43:10, 11)'

당신의 창조주이며, 그래서 당신을 존재하게 한 참 아버지이며, 영원한 구원자를 영접하라. 그분이 십자가에서 아직도 그대를 기다리고 계신다.

◆ 장면#7

그럼에도 사람들은 하나님께로 잘 돌이키지 않는다. 그러나 지금도 수많은 사람이 그리스도의 십자가를 통해서 하나님을 만났고, 또 지금도 만나고 있다. 물론 나도 그중의 하나다. 하나님은 우리와 만나기를 간절히 원하신다. 하나님은 잃어버린 양을 찾으시는 분이시다. 또한 우리가 하나님을 찾기를 바라신다. 우리와 사랑하길 원하시며, 우리에게 하나님의 영원한 생명을 주길 원하신다. 만약 영원한 생명을 줄 수 없는 하나님이라면, 우리를 절대로 찾지 않을 것이다. 진짜 부모는 자식을 찾고 기다리는 법이다. 진짜 부모가 아니라면 절대로 우

예수, 황혼에 돌아보다

리 대신 십자가를 지지 않았을 것이다. 부모는 자식을 위해 자기 생명도 아끼지 않는 법이다. 창조주 하나님만이 우리의 참 부모이시기에 하나님은 우리가 돌아오길 간절히 원하신다. 이 작은 시와 단상을 통해 그런 하늘 아버지 마음을 조금이나마 전하고 싶었다.

✦ 장면#8

그래서 누군가에게 하나님의 이 놀라운 사랑을 조금이나마 전하고 나누는 것이 이 글을 출간하는 이유다. 첫 신앙시집 『마음의 샘터에서』는 주로 하나님과 성도의 사랑을 노래했다면, 여기서도 하나님과의 친밀한 사랑은 물론이고, 그 사랑을 전하는 쪽으로 많이 채워져 있음을 밝힌다. 더러 이 세상 세계관에 대한 비판적인 시, 복음을 직설적으로 전하는 시도 발견할 수 있으리라. 그리고 복음을 좀 더 명료하게 전하기 위해, 시의 말미에 작은 글씨로 성경 구절과 귀한 신앙 선배들의 영감 있는 글을 넣었다. 그런데 이것을 두고 많이 망설였다. 하나님의 말씀이 마치 시를 보조하는 것 같은 불경스러움이 느껴졌기 때문이었다. 그리고 복음을 더욱 명료하게 하기 위해 복음 단상도 추가했다. 누군가가 이 시와 말씀과 단상을 통해서, 하나님의 놀라운 사랑을 알게 된다면, 그 불경스러움도 용서받을 수 있으리라. 그리고 불신자가 성경을 찾아 읽게 된다면 큰 기쁨이리라.

✦ 장면#9

이 글의 제목이기도 한, 「예수, 황혼에 돌아보다」를 서시(序詩)로 소개한다. 물론 예수님은 황혼에 지는 분이 아니다. 그분은 십자가의 죽음조차 이기고 눈부신 아침처럼 부활하신 분이시다. 이 시는 예수 그리스도의 십자가 없이 죽는 사람이 없기를 바라는 마음으로, 특히 서녘을 넘어가는 붉은 황혼을 볼 때마다 우리의 죄를 십자가에서 지신 그리스도가 기억나길 바라며, 황혼처럼 저무는 이 시대에, 그리고 언젠가 그대가 서녘을 황혼처럼 넘어갈 때도… 유일하게 그대를 안타깝게 돌아보며, 그대와 천국으로 동행하실 분도 오직 부활한 예수 그리스도, 그분뿐이라는 것을 기억하길 바라며 쓴 시다.

> 황혼이 진다.
> 내 대신 십자가에 달린 죄인
> 예수가 날마다 서산(西山)으로 지고 있다.
> 자신의 피로
> 하늘을 붉게 물들이고 있다.
>
> 아직도 돌아오지 않는
> 상(傷)한 갈대 같은 죄인들을 돌아보며

차마 하늘 문, 빗장 걸지 못하고

저렇게

하늘 한 켠을 열어두고

오늘도 십자가를 지고 서녘 하늘을 넘어가고 있다.

누가

오늘도 십자가 없이

홀로 죽었을까

예수 그리스도의 하늘이 붉게 기울고 있다.

황혼이 진다.

가시 면류관을 붉게 두른 산 너머 서녘 하늘

세상 죄에 못 박힌

예수 그리스도의 십자가가 저 하늘 끝자락 너머

서산으로 기울고 있다.

온통 우리의 죄로 물든

하늘

내 죄가 붉게 하늘 시온성(城)을

강처럼 둘러 흐르고 있다.

오늘도
우리의 죄 때문에
그리스도의 하늘이 십자가를 지고
비틀거리며

골고다 언덕 같은 저 서녘 하늘을
차마 넘어가지 못하고

하늘 한 켠을 열어두고
이 세상 죄인들을 돌아보며,
마지막 붉은 노을을 울고 있다.

예수, 황혼에 돌아보다

목차

2부 / 낙동강에서

1부

예수, 황혼에 돌아보다

황혼에 서서

누군들 해 질 녘마다
황혼을 보면서 가슴이 뛰지 않았던가.

왜 하루는 저토록 붉게 물들며
서녘 하늘로 저물어야 하는지
무슨 아픔이 그리도 커서
저렇게 붉은 울음을 울며
하늘을 수(繡) 놓으며 저물어 가야 하는지

누구나 유년(幼年)의 하늘에는
하늘가로 저무는 저 설레는 경이(驚異)로,
가슴 두근거림으로,
물들어 가는
그리움이 있지 않았던가.

저 하늘도 누군가
애타게 그리운 사람이라도 있었던가.
그래서 누구라도 볼 수 있게
저 하늘에 붉게 물들인 그리움,
저토록 붉게 풀어 놓았을까.

황혼을 볼 적마다
하늘 애타는 그리움
방황의 끝 무렵에서야 나는 알았네.

황혼이 팔을 벌리며
갈보리, 십자가 사랑으로 나를 덮어왔을 때
비로소 나는 알았네.
날마다 저녁노을이 왜 그토록 붉은 울음으로
불타올랐는지를.

돌아오라
너를 향한 내 마음,
이렇게 서녘 하늘에 붉은 피로 새겼으니

못 자국 난 손으로 하늘에 붉게 새긴 그 글씨
눈먼 내 마음 판(版)에 지워지지 말라고
점자(點字)처럼 꾹꾹 눌러
십자가 그 깊은 상처로 피 흘려 하늘에 새기고
내 가슴에도 사랑 깊은 상처로 새기었누나.

황혼을 볼 때마다
오늘도 누군가 그리스도 없이 홀로 붉은 서녘 하늘을
넘어갔을까

이제 나도 황혼에 서서

하늘 강을 따라 서녘 하늘로

눈시울 붉게 흐르누나.

 **복음 단상**

    누구나 가슴 뛰는 일이 있겠지만, 어릴 적 나에겐 황혼보다 더 가슴을 뛰게 한 것도 많지 않았던 것 같다. 워즈워스처럼 무지개가 아닌, 젊은 시절부터 왜 황혼이었는지는 나도 모른다. 그런 황혼을 노래하고 싶었다.

    그러다가 나이가 들어, 해 질 무렵에 낙동강을 건너다닐 일이 있었다. 젊은 시절 에덴 공원에서 바라보던 그 노을과는 다른 장엄함을 볼 수 있었다. 물론 황혼이 늘 장엄하게 아름다운 것은 아니었지만, 주님을 만나고 나서야 장엄하게 보아왔던 낙동강의 노을, 특히 강변의 억새와 강물, 너른 김해 벌, 그리고 먼 산에 걸쳐 하늘로부터 구름 사이에 쏟아지는 빛, 그 사이로 날아가는 새들과 비행기, 그리고 시시각각 하늘과 벌판을 물들이며 변화하는 노을은, 어느 날 예수 그리스도의 십자가와 너무도 감성적으로 맞게 느껴졌다. 물론, 주님의 십자가를 만나지 못한 사람들은 이 말이 무엇을 뜻하는지는 모르리라. 이 세상에 그리스도를 만나는 것보다 가슴을 뛰게 하는 일은 없다. 오죽했으면, 사도 바울은 자기가 만난 예수 그리스도에 비하여 자신의 모든 세상적인 자랑거리를 배설물로 여겼겠는가. 사실, 어디에나 창조주의 놀라운 손길이 묻어 있는 법이다. 나는 그중에서 낙동강의 노을이… 마치 세상 죄를 지고 마지막 하늘 한 켠을 비워두고 죄인들을 돌아보는 그리스도의 장엄한 사랑으로 다가왔다.

○ 코페르니쿠스의 주장을 깊이 알지 못한다고 해서 큰 문제가 될 것
  은 없다. 그러나 영혼이 불멸인가 아닌가를 아는 것은 전 생명에 관
  련되는 중요한 문제다.(파스칼)

주님, 그래도 저를 원하십니까?

(1)
주님, 제가 당신께 엮어 드릴 수 있는 것은
아름다운 화관(花冠)이 아닌
가시 면류관입니다.

그래도 기어이 저를 위해 그 관을 쓰시겠습니까?
하나님의 말씀이요 지혜이신
당신 머리에
나의 거칠고 추한 생각들의 가시로 엮은 면류관이라니요
주님, 그래도 저를 원하십니까?

주님, 제가 당신 손에 올려드릴 수 있는 것은
영원한 권세, 왕의 홀(笏)과
경배와 찬양이 아닌

제 손과 발로 지은 죄를
못 박을 못과 망치
마음이 찢어지는 냉혹한 멸시와 고통뿐입니다.
주님, 그래도 저를 원하십니까?

온 세상이 당신 발아래 무릎을 꿇고

예수, 황혼에 돌아보다

영광을 올려드려야 하는데,
제가 드릴 수 있는 것은

당신을 높이 매다는 십자가
나의 수치와 벌거벗음으로
사막과도 같은 메마른 나를 향한
간절한 목마름뿐입니다.

주님, 그래도 저를 원하시며
저의 사랑을 목말라하십니까?

(2)
아들아, 내가 너의 참부모이며 참사랑이 아니라면
내가 너에게 영원한 생명을 줄 수 없다면
나도 너를 원하지 않을 것이다.

그러나 나는 너의 참생명, 참사랑이니
영원한 생명인 나를 떠나 영원한 지옥으로 강물처럼 떠밀려 가는
너를
참부모인 내가 어찌
너를
그냥 두고 볼 수 있겠느냐?

너의 죄가 주는 십자가 그 고통보다

너의 부재(不在)가 주는 그 고통이 내게는 더 크단다.
너의 죄가 주는 그 고통보다
너의 부재가 주는 내 사랑의 목마름이
더 크기에

나는 오늘도
나에게로 돌아오길 바라며
너 자신을 목말라하며 내가 이렇게 십자가에 매달려 있단다.

나의 십자가에
너희 모든 죄를 못 박고
너를 대속(代贖)하는
그 피를 하늘 강물처럼 흘리며

이렇게
오직 너만을 목말라하며 매달려 있단다.

예수, 황혼에 돌아보다

복음 단상

모든 아기는 부모를 통해서 태어나 어머니의 젖을 먹으며 자란다. 그런데 생각해 보라. 그 젖을 마련한 분이 있다는 생각이 들지 않는가. 아기를 잉태하고 아기를 낳으면 젖이 나오게끔 하신 분이 있다는 생각이 들지 않는가. 그리고 어머니는 아기에게 젖을 먹이고 아기를 사랑하고 돌봄으로 자신이 엄마인 것을 끊임없이 아기에게 계시한다. 아기는 어머니의 사랑을 먹으면서 자신이 아들이요 딸인 것을 알아가는 것이다. 기독교 고전인 『무지의 구름』의 저자는 사람의 이성으로는 하나님을 알 수 없고, 오직 사랑으로만 하나님을 알 수 있다고 했다. 그렇다. 누가 자기 어머니를 이성적인 생각으로 알 수 있겠는가? 솔로몬의 유명한 판결도 그것을 잘 보여주고 있다. 모든 아기는 어머니의 사랑을 받아먹으면서 어머니를 알아 가는 것이다.

창조주 하나님의 이름 중에 '엘 샤다이'라는 이름이 있다. 젖가슴이 많은 하나님이란 뜻이다. 우리에게 하늘의 신령한 젖을 실컷 먹이고 싶어 하시는 사랑의 하나님이라는 뜻이다. 하나님의 젖은 하늘의 생명이다. 예수님은 하늘의 젖(생명)이 무엇인지도 모르고, 하늘의 신령한 생명-조에(ζωη)의 생명, 육신의 생명은 비오스(βιος)라고 한다-을 먹지 못해서 죽어가고 있는 인생들에게 그 생명을 주러 오신 하나님이요, 하나님의 아들이시다. 그래서 하나님과 사람 사이를 가로막고 있는 죄를 자신의 십자가로 도말하고, 하늘의 문을 여셨다. 그래서 십자가에 흐르는 그리스도의 피와 살이 곧 하늘의 생명(ζωη)인 것이다.

예수님은 말씀하신다. "진실로 진실로 너희에게 이르노니 믿는 자는 영생(ζωη)을 가졌나니 내가 곧 생명(ζωη)의 떡이니라."(요 6:47, 48) 배고픈 아기는 엄마의 젖을 기뻐하며 먹는다. 엄마 또한 아기가 자신의 젖을 먹는 것을 기뻐한다. 어느 아기 엄마가 그렇지 않겠는가. 그러므로 믿음이란 예수님을 통해, 참 부모이신 창조주 하나님이 주시는 생명($\zeta\omega\eta$)과 사랑을 받아먹고 마시는 것이다. 그러므로 기독교는 단순한 종교가 아니다. 이 세상에 줄 수 없는 영원한 생명($\zeta\omega\eta$)인 것이다. 그래서 이 생명을 먹고 마시는 사람은, 예수님의 말씀처럼 세상 너머에도 삶이 있다는 것을 안다. 예수님은 그곳을 '하나님의 나라'라고 불렀다. 예수님은 그 나라를 이 땅에 가져오신 것이다.

아들아, 내가 너의 참사랑이 아니라면
내가 너에게 영원한 생명을 줄 수 없다면
나도 너를 원하지 않을 것이다

그러나 나는 너의 참생명, 참사랑이니
영원한 생명인 나를 떠나 영원한 지옥으로 강물처럼 떠밀려
가는
너를
참부모인 내가 어찌
너를
그냥 두고 볼 수 있겠느냐?

○ 믿는 자는 영생을 가졌나니 내가 곧 생명의 떡이니라(요 6:47, 48)

○ 이르시되, 내가 목마르다 하시니(요 19:28)

예수, 황혼에 돌아보다

슬픈 일기

마음이 굳어지면
주님의 말씀은 주위를 서성거리다가
안개처럼 사라진다.

내 마음의 뜰 안에는 꽃도 피지 않고
생명 시내도 흐르지 않고

주님도 멀찍이서
고개를 숙이고
나도 패랭이꽃에만 눈을 맞추고

그런 날은
슬픈 일기를 쓴다.

－세상에 빠진 어느 날 오후
  돌들이
  온종일 내 대신
  주님을 찬양하다－

복음 단상

　예수님이 나귀를 타고 예루살렘 성으로 입성하실 때, 제자의 온 무리가 자기들이 본 바 모든 능한 일로 인하여 기뻐하며 큰 소리로 하나님을 찬양했다. "찬송하리로다 주의 이름으로 오시는 왕이요 하늘에는 평화요 가장 높은 곳에는 영광이로다." 그러자 무리 중에 어떤 바리새인들이 예수님에게 "당신의 제자들을 책망하소서."라고 말했다. 그러자, 예수님은 그들에게 말씀하셨다. "내가 너희에게 말하노니 만일 이 사람들이 침묵하면 돌들이 소리 지르리라."

　독자여, 당신은 예수님에 대하여 돌처럼 굳은 마음인가? 누가 이렇게 자신에 대하여 확신 있게 말씀하실 분이 어디 있겠는가? 그래서 C. S. 루이스는 예수님을 두고 다음의 셋 중의 하나라고 말했다. 자신을 삶은 달걀이라고 생각하는 미친 사람, 또 하나는 교묘하게 사람들을 속여 자신을 메시아로 믿게 만드는 희대의 종교 사기꾼, 즉 악마 같은 사람, 그리고 돌들도 찬양하고 경배하는 인류의 구원자… 당신은 뭐라고 생각하는가? 나와 전혀 상관없는 문제라고 생각하는 사람도 있을 것이다. 그러나 예수님은 말씀하신다. "나와 함께하지 않는 자는 나를 반대하는 자요 나와 함께 모으지 않는 자는 헤치는 자니라."(눅 11:23) 당신은 당신을 구원하러 온 예수님과 아무 상관 없는 자, 즉 예수님을 반대하는 자로 남을 것인가? 그리고 하나님의 적대자란 뜻이, '사탄'인 것을 기억하라.

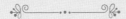

○ 내가 너희에게 말하노니 만일 이 사람들이 침묵하면 돌들이 소리 지르리라 하시니라(눅 19:40)

　　　　　　　　　　　　　　　예수, 황혼에 돌아보다

시냇가에서

맑은 시냇물에 발을 담그고
저 맑음은 어디서부터 흘러왔을까
저 맑음을 아는 내 지식은
또 어디서 왔을까

시냇가에 앉아 손을 씻으며
나의 근원, 흘러온 시간들
또 시냇물에 흘려보낸 낙엽 같은 시간들을 떠올리는데

누군가 시간의 징검다리를 건너와
건너편 시냇가에서 나를 바라보고 있네.

어릴 적 나와 함께 주님이
저 건너편에 앉아서
어린 나의 발을 씻기며 늙은 나를 돌아보시며

이제 묵은 네 마음도 씻으라고
죄로 굳어진
내 묵은 죄를 씻고 내게로 오라 하시누나.

어릴 적 흐르는 시냇물처럼 흘려보냈던
어린 시절의 나를 다시 맑은 시냇가에 데리고 와서
내 마음의 물가로
나를 따라 지금까지 고요히 흘러오신 주님

생명의 근원에서 흘러오신
주님의 맑은 그 마음에
차마 죄로 물든 발을 담그지 못하고 주저하고 있는데

−나 곧 나는 나를 위하여 네 허물을 도말하나니
 네 죄를 기억하지 아니하리라
 그러니 두려워 말라−

어느새 주님의 말씀이
내 안에서 맑은 시냇물처럼 흐르누나.

지나온 모든 세월이
그 은총에 잠기누나.

예수, 황혼에 돌아보다

복음 단상

성경에는 죄 사함과 은혜의 상징으로 물의 이미지를 많이 사용한다. 그렇다. 물은 더러운 것을 씻는다. 예수님은 죄인을 씻기기 위하여 무흠(無欠)한 피를 흘리셨다. 예수님의 피는 단순한 피가 아니다. 죄를 씻는 흠 없는 그리스도의 피, 하늘 생명이 흐르는 생명수인 것이다.

예수님은 '거듭나야 하나님의 나라에 들어간다'(요 3:3-5), '물과 성령'으로 다시 태어나야 한다고 말씀하신다. 어떤 이는 물을 '세례'로, '하나님의 말씀'으로 해석하기도 한다. 어쨌든 '죄를 씻고 성령으로 다시 태어나야' 한다는 뜻이다.

사람의 자녀가 되려면, 사람의 자녀로 태어나야 하듯이, 하나님의 자녀가 되려면 십자가의 피에 죄를 씻고, 하나님의 영, 곧 예수 그리스도의 영, 곧 성령으로 다시 태어나야 한다. 이것은 좋은 소식이면서 나쁜 소식이다. 죄악으로 물든 본질적인 죄인(원죄를 가지고 태어난 죄인)이 예수님이 흘리신 피에 죄를 씻고 성령(聖靈)으로 다시 태어난 거룩한 성도만이 하나님의 자녀가 된다는 측면에서 좋은 소식이다. 그래서 사도 바울은 로마서 8장에서 이렇게 고백하고 있다. "그러므로 이제 그리스도 예수 안에 있는 자에게는 결코 정죄함이 없나니 이는 그리스도 예수 안에 있는 생명의 성령의 법이 죄와 사망의 법에서 너를 해방하였음이라."(롬 8:1, 2) 이것이 나쁜 소식인 이유는, 당신은 거듭나지 않으면 아무 소망이 없다는 뜻이기에 그렇다.

독자여, 하나님은 예수님을 통해서 당신의 모든 죄를 그분의 피로 씻기고, 거룩한 하나님의 영, 곧 그리스도의 영이신 성령

으로 다시 태어나기를 간절히 바라신다. 그대여, 지금까지 사랑
의 물결로, 그대를 따라 고요히 흘러온 그 놀라운 은총에 잠기
지 않겠는가? 그대가 지금까지 살아 있다는 것이 그분의 은혜
를 받을 기회가 있다는 뜻이 아니겠는가?

ㅇ 나 곧 나는 나를 위하여 네 허물을 도말하는 자니 네 죄를 기억하
　　지 아니하리라(사 43:25)

　　　　　　　　　　　　예수, 황혼에 돌아보다

평등에게

- 평등이 진리를 따르지 않을 때

평등은 공동묘지와도 같다.
평등하지 않은 모든 다양함을 죽인 후에
그 기막힌 평등이 비로소 말을 잃고
저리도 조용히 평등하게 묘지에 누워 있으니

평등은 프로크루스테스의 침대
가난과 부를 평등하게 한다고
부자들의 목과 다리를 잘라 내었지.

(그때 진리도 사랑도 함께 잘려 나가고 인륜조차 잘려 나가, 아들
손에는 어미의 피를 묻히게 했지. 다른 사람보다 손이 고우니 평
등하지 않다고 구덩이에 파묻고 다른 사람보다 지식이 많으니 평
등하지 않다고 그들의 목도 잘랐지. 평등보다 귀한 진리와 사랑과
자유도 굴비처럼 엮어 줄줄이 시베리아로 귀양 보냈지. 만세무강
하라. 잔혹한 시베리아의 평등이여. 그래서 진정한 평등주의자,
프로크루스테스가 의아해서 묻는다. 왜 가난한 사람들의 팔과 다
리는 늘려 죽이지 않았을까?)

그러나 참으로 평등한 것은 언제나 시간
왕에게나 노예에게나 평등하게 흐르나니

그래서 평등한 죽음으로 인도하나니
그러나 평등한 죽음 이후에는
공정한 심판이 그들을 기다리고 있다네.

-그대 평등이여 의로웠는가?
-그대 평등이여 죄인들을 사랑했는가?
-그대 평등이여 그대의 주인인 진리를 따랐는가?

공정하신 그분의 질문 앞에 그대,
정직하게 대답해야 하리.

천국은 평등하지 않고 거룩하리니
천국에는 평등이라는 묘지가 없고
다양한 꽃들로
다양한 화음으로

언제나 천천과 만만의 사랑의 합창으로
평등이 그토록 멸시한
영광의 주님을 경배하리니
진리는 넘쳐나도
그곳에는 시기와 질투가 없고
은혜는 늘 낮고 낮은 곳으로 흐르고 흘러
감사와 기쁨으로 서로를 내어주며
서로를 사랑과 감사로 화답하는데

그대 평등이여
거룩한 천국에는 그대가 쉴 안식이 없으니
거룩한 사랑과 가난한 심령들이 서로 만나
화음(和音)으로 교향곡이 연주되는 그곳에는
그대의 진짜 이름인
질투와 시기와 증오는 끼어들 틈조차 없으니

오, 탐욕과 질시와 교만의 다른 이름, 그대 평등이여.
그대가 따라야 할 진리를 떠나
그대 홀로 진리이기를 바랄 때,

그대 평등이여.
지옥조차 그대에게는 평등하지 않으리니

복음 단상

　오래전에 하나님을 부정하고 물질이 전부라고 하는 공산주의 사회에서 놀라운 일이 하나 발생했다. 소련 공산당 서기장이었던 브레즈네프가 죽었을 때였다. 그의 아내는 장례식이 방송되고 있는 가운데 죽은 남편의 시신에 십자가 성호(聖號)를 그었다.[1] 그녀는 무신론자가 아니었던 것일까? 아니면, 막연히 천국이 있기를 바랐던 것일까? 남편이 천국에 가기를 바란 것은 아니었을까? 이 장면을 흑해부터 극동까지, 북극부터 초원까지, 소련인들이 그 모습을 지켜보았다. 그리고 소련 해체 이후 고르바초프를 비롯한 공산당 고위 간부들조차 비밀리에 세례를 받았다는 사실이 속속 밝혀졌다. 생애를 걸쳐 무신론을 설파했던 공산당 기관지 「프라우다」의 편집장마저도 1994년 사망하자 정교의 예법을 따라 장례식이 엄수되었다. 영적인 존재로서의 인간에게 종교는 '프롤레타리아트의 아편'이라는 '공산주의 이념'만으로는 충족이 되지 않는 것을 여실히 보여주는 좋은 사례라고 할 수 있다. 사람의 영혼은 어떤 이념으로도, 어떤 부와 명예로도 채울 수 없다. 사람의 마음은 완전하시고 거룩하신 하나님만이 온전하게 채울 수 있다. 사람의 마음은 '이념의 집'이 아니라, '하나님의 집'인 것이다. 마음을 그리스도의 집으로 만들지 못하면 그 심령에 천국이 없는 것이다.

---

1) 1982년 11월 브레즈네프 서기장이 사망했다. 국영방송을 통하여 장례식이 소련 전역에 전파되었다. 그런데 놀라운 장면이 카메라에 포착되었다. 그것은 미망인이 남편을 보내며 십자가를 긋는 모습이었다.

○ 불의한 자가 하나님의 나라를 유업으로 받지 못할 줄을 알지 못하느냐 미혹을 받지 말라 … 속여 빼앗는 자들은 하나님의 나라를 유업으로 받지 못하리라(고전 6:9, 10)

○ 공산주의는 마귀가 하나님의 나라를 흉내 낸 것이다(A. W. 토저)

생명나무

(1)
마음의 뜰에 이 세상에서 가장 아름다워 보이는
허영이라는 이름의 나무를 심었습니다.
이 나무 하나
돌보는 데 젊음을 다 바쳤습니다.

세월이 흘러 명예라는 열매는
질투로 눈이 멀고
번영은 오히려 탐욕으로 배불렀습니다.

본질이 가시덤불
쓴 뿌리인 줄 몰랐으니
처음부터 기대할 것이 없었습니다.

그런 나에게 새 마음을 주마고
마음의 정원에 하늘 말씀 맺는 포도나무처럼
너와 하나 되어
천국 사랑의 열매를 맺자고

주님이 내 마음의 뜰에 십자가 나무로 찾아오셨습니다.
하늘 사랑으로 단단히 못 박아 세운
십자가 나무로 찾아오셨습니다.

예수, 황혼에 돌아보다

쓴 뿌리를 네게 다오
너의 죄는 내가 지마고
그분이 먼저 피 흘리는
애틋한 생명나무로 찾아오셨습니다.

(2)
그날 이후 내 마음의 골고다 언덕에
십자가가 하나 섰습니다.
주님과 함께 못 박힌
십자가가 그곳에 섰습니다.

오, 내 마음은 골고다 언덕,
그곳은 광야같이 거칠고, 바람 부는 곳이지만
또한 그분의 긍휼의 십자가가 서 있는 곳이랍니다.

나를 위해 십자가를 지신 그분과 함께 서는 그곳
죽음조차 부활이 되는
죄인이 하나님의 자녀가 되는
하늘의 천사도 놀라워하는 그곳
십자가가 서 있는 곳,
그곳에서 나는 그분 안에서 다시 태어났습니다.

이제는 날마다 죽음으로
저는 살아납니다.

생명나무를 지키는 화염검(火焰劍)이 돌고 있는
새 마음으로 태어난 그 동산 언덕이
저의 새로운 집이랍니다.

그곳에는
하늘의 천사도 경이로워 찬양을 멈추지 않는
생명샘 흐르는 곳

내 주님,
스스로 피 흘려 세운
생명나무가 서 있는 곳이랍니다.
영원한 생명에 목마른 자들을 위해
십자가로 서 있는 곳이랍니다.

✝ 복음 단상

　인간은 하나님이 금지한 선악을 아는 나무 열매를 먹고 타락했다. 선악을 아는 나무 열매를 먹었다는 것은, 곧 자신이 하나님을 대신하여 선악을 결정한다는 뜻이기도 하다. 하나님 대신, '자아'가 왕이 된다는 뜻이다. 그래서 자아의 특성이 유혹자인 '뱀'과 같다. 하나님의 대적자인 것이다. 그러나 타락한 인간을 긍휼히 여겨, 예수 그리스도라는 십자가의 생명나무를 예비하셨다. 그래서 그리스도의 십자가를 만나서 성령으로 다시 태어난 성도들이 한결같이 깨닫는 것이 두 가지 있다. 하나는 자신이 끔찍한 죄인이라는 것이다. 또 하나는 그런 끔찍한 죄인을 하나님이 독생자를 보내어 자신의 죄를 대신하여 십자가에 못 박혀 죽게 하시고 구원하셨다는 것이다. 그래서 사도 바울은 "그러나 내게는 우리 주 예수 그리스도의 십자가 외에 결코 자랑할 것이 없으니 그리스도로 말미암아 세상이 나를 대하여 십자가에 못 박히고 내가 또한 세상을 대하여 그러하니라"(갈 6:14)고 고백한다. 독자여, 당신이 자랑하는 것이 무엇인가? 그런데 그것이 당신을 천국으로 이끄는 것인가? 오직 예수 그리스도의 십자가만이… 그대에게 영원한 생명을 준다. 그 십자가의 생명을 받아 누리지 않겠는가? 창세기의 생명나무란 예수 그리스도를 가리킨다.

ㅇ 나는 생명의 떡이니 … (요 6:35)
ㅇ 나는 하늘에서 내려온 살아 있는 떡이니 사람이 이 떡을 먹으면 영생하리라 내가 줄 떡은 곧 세상의 생명을 위한 내 살이니라(요 6:51)

외출(外出)

(1)
마음에 바람구멍이 생겨
남쪽 바다 먼 섬 제주도로 갔었네.
내 마음에서 불던 바람 그곳에서도 불고 있었네.

올레길을 걸었네.
바다 위를 꿈꾸듯 걸었네.
구멍 난 돌들 사이로
바람이 파도를 밀어 올리며
허허로우니 같이 걷자 하였네.

신(神)들이 살고 있다는 집, 영실(靈室)에 올랐네.
바람난 신들은 다 어디로 가고
바람만 허허로이 지나가고 있었네.

(2)
집에 돌아와 방에 누웠네.
내가 먼 섬이 되어 떠올랐네.

주님이 내 안에서 잔잔한 물결로
내 심령 기슭에 부딪히며

예수, 황혼에 돌아보다

말씀하셨네.

네가 구멍 난 바람 같구나
네 심령 깊은 곳이
나의 집인데
너는 없고 바람만 살고 있는 먼 섬 같더구나.

네가 본향에 돌아왔을 때
나는 없고 하늘 집이 빈 영실(靈室) 같으면
너는 어찌하겠느냐?

(3)
그 후로 먼 섬에 갈 때나
옷깃을 세우고 외출할 때마다
나는 바람만 그곳에 두고 주님과 함께 집으로 돌아왔네.

그때마다 주님과 함께 방에 누우면
시온의 성(城)
내 본향이 먼 섬처럼 황홀하게 떠올랐네.

그곳에서 날마다 새로운 영혼의 외출,
그 섬에서 꿈꾸듯 주님과 함께
유리바다
그 위를 춤추듯 걸었네.

제주도로 보름 동안 외출을 한 적이 있다. 그 사이에 한라산의 영실(靈室)에 올랐다. 영실(靈室)이란 영(靈)의 집이란 뜻이었다. 재미있는 이름이라 생각했다. 물론 영실은 텅 비어 있었다. 그러다 내 영혼도 주님의 임재 없이 비워둔다면 어떡하나… 하는 생각이 들었다. 성경은 우상숭배를 영적인 간음의 한 형태로 간주하고(호 2:2-5), 예수님은 육적 간음뿐 아니라 음욕을 품는 것조차도 간음으로 간주하신다.(마 5:27-29)

그런데 영적인 간음은 아닐지라도 영혼이 외출하는 일이 있다. 하나님 외에 다른 것에 잠시 마음을 빼앗기는 일이 있는 것이다. 물론 세상을 살아가면서, 24시간 주님의 임재를 누리면서 살아가기란 쉬운 일이 아니다. 수도원에서도 기도의 시간 외에 노동의 시간이 있다. 성경은 직장에서 일을 하거나, 노동하는 시간을 영적인 간음이라고 하지 않는다. 그래서 주일이 있다. 주일은 하나님과 교제하는 시간의 최소 개념이다.

그런데 구약의 안식일과는 달리, 신약 시대에는 마음에 들어오신 주님과는 언제 어디서나 기도하며, 교제를 누릴 수 있다. 그러므로 마음을 계속해서 다른 것에 빼앗기는 것은 위험한 일이다. 성도에게는 무엇보다 마음을 지키는 일이 중요하다. 그래서 잠언 4:23에서는 "모든 지킬 만한 것 중에 더욱 네 마음을 지키라 생명의 근원이 이에서 남이라."고 말씀한다. 구원받은 성도는 자신의 마음 안에 들어오신 주님을 임재를 지키는 일보다 중요한 일이 있을까? 이 우주에서 가장 존귀한 손님이 마음의 집에 찾아오셨는데, 그분을 무시하고 세상일에 바쁘기만 할 수는 없지 않겠는가.

○ 너희는 너희가 하나님의 성전인 것과 하나님의 성령이 너희 안에 계시는 것을 알지 못하느냐 누구든지 하나님의 성전을 더럽히면 하나님이 그 사람을 멸하시리라 하나님의 성전은 거룩하니 너희도 그러하니라(고전 3:16, 17)

부드러움

실버들 가지 입에 물고
살포시 치마 끝자락을 들고 호수를 건너오는 봄바람
잔물결 이는 그리움
하늘 고운 마음이 무늬져 오는구나.

엄마 젖가슴에 기댄 채
졸린 아기 눈망울
나른한 오후 세 시의
옷고름 푼 햇살
참 부드럽구나.

그러나 이 세상에서 가장 부드러운 것은
내 죄의 가시에 찔려
피 흘리는 하늘 상(傷)한 마음

봄바람보다
부드럽게 나를 감싸며
평안하라 내 아가
상처 난 하늘 젖가슴으로 내 죄를 지긋이 덮누나.

내 허물
봄비보다 따스한 음성으로

두려워 말라 내 작은 아가

두 눈을 맞추며
부드럽게 나를 안고 그 긍휼의 세마포(細麻布)로 감싸며
내 영혼 하늘 요람에 누이누나.

천상의 향기 가득한
그 고운 사랑을 옷고름처럼
풀어 놓은
이 부드러운 봄날에.

 복음 단상

성도들이 주님의 임재를 즐거워하는 중요한 이유 중의 하나는 주님의 임재가 주는 부드러움, 이 세상이 줄 수 없는 놀라운 평안 때문이다. 나는 주님의 임재가 주는 부드러움보다 더 부드러운 인격적인 존재를 만나지 못했다. 이 세상에 그런 놀라운 사랑으로 풍성한 인격은 없다. 그런데 사실 주님의 임재는 때로는 힘들 때도 있다. 주님의 사랑과 임재는 한없이 부드러운데, 그 부드러운 사랑에 드러나는 내 자아는 왜 그렇게 가시 같은지. 물론 이런 깨달음도 주님의 은혜다. 주님은 가시 같은 내 자아에 한없이 찔리면서도… 참으로 잠잠히 고요하게 피를 흘리고 계신다는 생각을 하면, 나는 그 사랑에 전율하지 않을 수 없다.

주님의 십자가는 단 한 번에 나를 구원하셨지만, 성화의 과

정에는 날마다 주님은 나의 '자아'라는 죄성(罪性)의 가시에 찔려 피를 흘리고 계시는 것이다. 그래서 이 놀라운 사랑은 또한 우리를 당혹하게 만든다. 우리는 아직 이런 사랑을 받아본 적이 없기 때문이다.

그러므로 우리는 혹 넘어졌을지라도 다시 일어나 주님께로 돌아가야 한다. 넘어지지 않고 자라는 아기가 어디 있던가. 사랑 중에서도 어머니의 아기에 대한 사랑이 그 많은 하나님의 사랑을 어느 정도 보여주고 있다. 주님도 자신의 큰 사랑을 어머니의 사랑에 비교하신다. 주님은 우리를 자기 태에서 난 자녀로 보실 뿐 아니라, 어머니보다 더 큰 사랑임을 알려주기 위해서, 주님은 우리를 손바닥에 새겼다고 말씀하신다. 독자여, 당신의 이름이 신문지나 역사의 한 페이지에 새기는 것도 귀한 일이겠지만, 영원한 하나님의 영광스러운 손바닥에 새기는 것보다 더 귀한 일이 어디 있겠는가? 그분에게로 돌아서라. 그분이 못 박힌 손으로 당신을 붙들고 그 사랑의 품으로 부드럽게 품어주실 것이다.

○ 여인이 어찌 그 젖 먹는 자식을 잊겠으며 자기 태에서 난 아들을 긍휼히 여기지 않겠느냐 그들은 혹 잊을지라도 나는 너를 잊지 아니할 것이라 내가 너를 내 손바닥에 새겼고(사 49:15, 16)

예수, 황혼에 돌아보다

예수 바다

은혜 가득한
윤슬처럼 반짝이는 말씀과 함께
상(傷)한 내 마음 기슭에 고요히 부딪혀 오는
은혜 바다
잔잔한 말씀의 파도여.

부서지고
무너지며
모난 나를 안고
사랑으로 곱게 쓰다듬어
마침내 고운 조약돌 작은 모래알로 만들고서도

다시 그 모래알을 하늘 고운 상처로 감싸는
진주같이 영롱한 하늘 그 사랑
그 바닷가에는 영원으로 펼쳐져 있다네.

그 바다, 은혜만이
일렁이는
잔잔한 바다, 예수 바다

그 사랑의 포말(泡沫)이 하얗게 부서지는 기슭에

십자가 닻을 내리고
그 은혜 바다 진리의 말씀으로 밀려오는
그 사랑에 잠기어

나도 은혜만이 일렁이는
그 바다,
예수 바다가 되네.

복음 단상

　'어머니날' 노래 가사에 있듯이, 어머니의 사랑은 바다보다 깊고 넓다. 그런데 사도 바울도 에베소 교회 성도들에게 그리스도가 주시는 사랑의 너비와 길이와 높이와 깊이가 어떠한가를 깨달아 알기를 하나님께 기도하고 있다고 말씀한다.(엡 3:14-19) 주님의 은혜는 쉼 없이 밀려오는 파도와 같고, 바다와도 같다. 하나님은 우리가 모두 그 깊고 넓은 사랑에 잠기기를 바라신다. 그분의 사랑을 체험한 성도들의 간증을 읽어보라. 어머니의 사랑보다 더 큰 사랑과 능력을 가진 그 은혜를 받기를 거부하는 자보다 어리석은 자가 또 있을까. 그 사랑으로 충만한 천국을 거부하는 것보다 어리석은 일이 어디 있을까.

○ 하나님은 사랑이심이라(요일 4:8)

낙화(洛花)

십자가에서
저 지옥 밑바닥에서 허우적이고 있는

나 같은 죄인을 구원하기 위해
그토록 마음 아파하시다가

기어이 한 치의 주저함도 없이
몸을 던지며

점점이 저며 오는
하늘
그 사랑

그 사랑의 낙화에
천군 천사들도 찬양과 경배를 멈추고

숨이 멎는다.

복음 단상

겸손이라고 하면, 우리 스스로를 낮추는 것이라고 생각하기 쉽다. 그러나 기독교에서 말하는 겸손은 그런 것이 아니다. 기독교의 겸손은 그리스도의 십자가를 만나, 자신의 끔찍한 죄성을 발견하고, 자신이 도무지 구원받을 자격이 없는 사람이었는데, 오직 하나님의 은혜로 예수 그리스도께서 십자가에 흘린 피로써 죄를 씻어 구원받은 사람이라는 것을 깨달은 데서 오는 겸손을 말한다. 그래서 겸손은 그리스도의 십자가에서 오는 사랑의 낙화를 체험한 성도들만이 가질 수 있고, 누릴 수 있다. 하나님의 독생자이신 예수 그리스도가 십자가에 못 박힐 때, 그 놀라운 하나님의 사랑에 천군천사들도 숨이 멎었으리라. 그 큰 그리스도의 하늘 사랑을 깊이 체험한 사도 바울은 그의 생애 말년에 이렇게 고백한다. "미쁘다 모든 사람이 받을 만한 이 말이여 예수께서 죄인을 구원하시려고 세상에 임하셨다 하였도다 내가 죄인 중에 괴수니라."(딤전 1:15)

○ 심령이 가난한 자들은 복이 있나니 천국이 그들의 것임이요(마 5:3)

겸손

겸손은 나무다.
뿌리 내린 자리를 마다치 않고 보듬는
흙에 자신을 맡긴다.

겸손은 기어가는 지렁이
아무 눈길도 두려워하지 않는
바닥에 누워

그래도 등을 돌리면
보이는 하늘이다.

복음 단상

천국에는 교만한 사람이 없다. 왜냐하면 천국에는 용서받은 죄인들만 들어가는 곳이기 때문이다. 예수 그리스도의 십자가에서 흘린 피에 죄를 씻은 사람이 어떻게 천국에서 교만할 수 있겠는가. 독자여, 예수 그리스도의 십자가는 그대가 죄인임을 알려준다. 그러나 오직 그리스도의 십자가만이 그대의 죄를 씻어, 그대를 천국에 들어가게 한다. 만약 그대가 천국에 들어가지 못한다면, 그대의 죄를 씻는 예수 그리스도가 흘린 십자가의 피를 거부했기 때문일 것이다. 그대가 죄가 많아서 지옥에 가는 것이 아니다. 구원받은 성도들 중에는 그대보다 더 많은 죄를 지은 사람들도 많다. 그러나 그들은 그들의 죄를 용서하는 십자가를 받아들였다. 그러므로 하나님의 독생자까지 내어주는 십자가의 은혜를 받기를 거부한 것, 그것이 그대를 지옥으로 보낼 것이다. 그것이 그대의 '교만'의 죄다.

○ 버러지 같은 너 야곱아, 너희 이스라엘 사람들아 두려워하지 말라 나 여호와가 말하노니 내가 너를 도울 것이라 네 구속자는 이스라엘의 거룩한 이이니라(사 41:14)

○ 거기에서는 구더기도 죽지 않고 불도 꺼지지 아니하느니라 사람마다 불로써 소금 치듯 함을 받으리라(막 9:48, 49)

○ 지옥으로 내려가는 길에는 걷기도 쉬운 데다가 갈림길도 없고 이정표도, 표지도 없다.(C. S. 루이스)

하나님의 겸손

하나님도 겸손하시다는 것을 아는가.
저리도 아름다운 꽃들을 온 세상에 피워놓으시고도
그 고운 향기(香氣) 가운데서도
고요히 침묵하시는 분

사람들은 꽃과 언덕을 노래하며
마치 자신이 이 세상의 주인인 듯,
하나님의 모든 영광을 훔쳐 가지만

그럼에도 하나님은 그 꽃들 속에서도
그 억새풀 날리는 바람의 몸짓 속에서도
시냇물의 세미한 악보 속에서도
잠잠히 기다리신다.

랍비 바룩의 눈물[2]이 떨어지는 때를
겸손히 기다리신다.

십자가 위에서도
마냥 기다리신다.

---

2) 서문에 소개한 랍비 바룩과 그 손자 여히엘의 이야기를 참고하라

피를 흘리면서도

채찍에 맞으면서도 죄인인 그대를 기다리신다.

복음 단상

누군가를 간절히 기다려 본 적이 있는가? 부모로서 늦은 시간에 잠을 자지 않고, 자녀가 돌아오길 기다린 적이 있는가? 아내로서 출장 간 남편이 돌아오길 기다린 적이 있는가? 그런데 그대의 긴 기다림도 십자가 위에서의 그대가 돌아오길 바라는 하나님의 고통스러운 기다림은 아닐 것이다. 물론, 주님은 이미 승천하시어 하나님 우편 보좌에 앉아 계신다. 그런데 그대가 주님을 만나면, 그대의 죄성을 주님이 계속해서 십자가에서 감당하고 있다는 것을 알게 되리라.

○ 그러나 내가 너희에게 말하노니 솔로몬의 모든 영광으로도 입은 것
   이 이 꽃 하나만 같지 못하였느니라(마 6:29)

그리움

참 신기하다.
주님이 내 안에 있어도
나는 늘 주님이 그립다.

참 신비롭다.
주님 안에 내가 있어도
주님은 늘 내가 그리운가 보다.

그리움으로 빈 마음의 성소가 채워질수록
그리움은 지치지도 않누나.
서로에게 더 깊어지누나.

서로를 그리워하다가
시선의 뜨거운 포옹
마침내 실타래처럼 엉키누나.

풀리지도 않는
풀고 싶지도 않은

주님과 나의
내밀(內密)한 시선(視線), 또다시 그리움으로 엉키누나.

✝ 복음 단상

문제가 있는가? 문제를 바라보지 말고, 기도하여 하나님의 얼굴을 찾기를 바란다. 그대가 불신자인가? 그래도 좋다. 누군들 처음부터 믿었겠는가. 신앙의 간증을 들어보면, 거의 대부분이 고난이 찾아와 그것 때문에 부르짖었고, 그래서 하나님을 만났다고 사람들은 말한다. 필자도 마찬가지다. 하나님은 고난을 통해서 불신자와 우리를 하나님께로 가까이 부르시는 것이다. 그래서 우리 인생에 있어 고난은 하나님께서 우리를 부르신다는 사인이다. 세월이 지나고 주님을 만나면, 그것이 축복이었다고 성도들은 한결같이 말한다.

독자여, 혹 절망 가운데 있는가? 그것은 하나님께서 그대를 부르신다는 사인으로 들을 수 있기를 바란다. 그러면, 하나님은 그대의 죄뿐 아니라, 절망적인 상황도 고쳐주실 것이다. 무엇보다 하나님은 당신을 사랑한다. 당신을 그리워하신다. 오죽하면 하나님은 이스라엘을 아내라고 불렀겠는가? 사도 바울도 그 사랑을 깨닫고 다음과 같이 말씀한다. '그러므로 사람이 부모를 떠나 그의 아내와 합하여 그 둘이 한 육체가 될지니 이 비밀이 크도다 나는 그리스도와 교회에 대하여 말하노라.'(엡 5:31, 32) 독자여, 당신을 자기 아내요, 신부(新婦)처럼 사랑하는 하나님의 큰 사랑을 체험하여 알게 되기를 기도한다.

○ 내 이름으로 일컫는 내 백성이 그들의 악한 길에서 떠나 스스로 낮추고 기도하여 내 얼굴을 찾으면 내가 하늘에서 듣고 그들의 죄를 사하고 그들의 땅을 고칠지라(대하 7:14)

눈이 내린다

눈이 내린다.
눈물이 난다.

저리도 곱게 내 죄를 덮으며
눈이 내린다.

나로 인해 붉은 피 흘리던
하늘 그 사랑
곱디고운 마음

내 죄를 다 덮었다는
그 고운 하늘 소식 안고
오늘도 흰 눈이 내린다.

그저
눈물이 난다.

복음 단상

　　삼라만상이 그저 우연히 존재하는 것이 아니다. 예수 그리스도를 믿어 성령으로 거듭나면, 이 우주가 왜 존재하는지 그 이유가 분명해진다. 특히 당신의 존재 이유를 몰라 방황하는 일이 없을 것이다. 다음은 자신의 존재 이유를 몰라 방황하고 있는 유명한 실존주의 철학자 칼 야스퍼스의 시다. 독자여, 자신이 누군지도 모르는 이 세상의 철학자가 어떻게 당신을 구원하겠는가?

나는 왔누나
온 곳을 모르면서

나는 있누나
누군지도 모르면서

나는 가누나
어디로 가는지도 모르면서

나는 죽으리라
언제 죽을지 모르면서

ㅇ 하나님의 은사와 부르심에는 후회하심이 없느니라(롬 11:29)

비가 내린다

비가 내린다.
눈물이 난다.

내 죄로 슬프다
하늘이 운다.

내 죄를 씻으며
하늘이 운다.

나를 적시며 하늘이 낮게 흐느낀다.
눈물이 난다.

내 마음도
비가 되어

어느 가난한 뜰에 눈물로 내릴 수 있을까
온종일 하늘처럼 땅을 적시며
하염없이 울 수 있을까.

눈물이 난다.

복음 단상

혹시 당신은 「Amazing grace」라는 유명한 노래를 아는지 모르겠다. 수많은 사람들이 이 노래를 애창하고 있다. 존 뉴턴 이라는 노예 상인이 지은 것인데, 그가 그리스도를 만나 진정으로 회심한 후에 지은 것이다. 그의 영향을 받은 윌리엄 윌버포스는 의회에서의 오랜 투쟁 끝에 영국에서 노예 해방의 법안을 통과시켰다. 뉴턴은 말년에 이런 고백을 하고 있다. "내 기억은 거의 사라졌다. 하지만 내가 큰 죄인이라는 것과 그리스도가 크신 구주라는 두 가지 사실을 기억한다."

○ 하나님의 자녀를 헛된 신앙 고백자들과 구별하는 기준은 그가 죄가 없다는 것이 아니라, 그가 죄에 대하여 슬퍼한다는 것이다.(A. W. 핑크)

바람이 분다

바람이 분다.
눈물이 난다.

내 죄를 다 쓸고 갔다는
하늘
다 비운 마음

나로 그 마음 하늘 가득 채우고 싶다고
하늘 안 마당까지
곱게 쓸어두었다고

바람이 분다.
내가 스스럼없이 돌아와도 된다고
바람이 분다.

눈물이 난다.

복음 단상

　　다음은 유명한 기독교 변증가인 C. S. 루이스의 자기 내면의 죄악된 모습을 본 솔직한 고백이다. 그는 먼저 청교도의 죄성을 고백한 글을 인용한다. "마치 뜨거운 여름날 내려다본 더러운 지하 감옥 속 같았다. 그곳의 하수구와 썩은 물 한가운데서는 살아 있는 무언가가 꿈틀거리고 있었다." 그리고 그는 그 말에 공감하면서 다음과 같이 말했다. "나는 이런 시각을 병적으로 보는 사람들의 말에 귀를 기울이지 않을 걸세. 나 역시 내 지하 감옥에서 '수많은 발로 기어다니는 끈적끈적한 것들'을 보았기 때문이네. 잠깐 힐끗 본 장면이 나를 정신 차리게 해 주었어." 이렇게 추악한 내면의 죄악을 발견한 사람은… 그의 죄를 씻어주신 그리스도의 피(보혈)를 찬양하지 않을 수 없는 것이다. 역설적으로 하나님의 은혜를 받은 성도들만이 자신이 얼마나 큰 죄인인가를 깨닫는다. 동시에 하나님의 사랑이 얼마나 크고 놀라운 것인가를 체험하여 깨닫게 된다.

　○ 이 백성은 내가 나를 위하여 지었나니 나를 찬송하게 하려 함이니라(사 43:21)

낙엽처럼

세상 사람들은 자신이 천상의 시인이신 하나님도
경탄하는 시 자체인 것을 모른다.
눈을 떠서 바라보는 모든 순간조차
경이(驚異)인 것을 모른다.

눈을 뜬다는 것은 환희
온종일 폭죽을 쏘아 올리며
모든 종소리가 여울지며
환희의 찬가로 그대 안으로 밀려오는데도

사람들은 모른다.
자신이 시로 쓴 축제
천국을 잃어버린 탕자(蕩子)인 것을 모른다.
언어조차 필요 없는 노래인 것을 모른다.

자아가 왕이 된 이후
실상 자신이 찬양을 구걸하는 거지가 된 것을 모른다.
하늘 시를 잃고
천국 노래를 잃고
하늘 축제를 잃은 거지가 된 것을 모른다,

그저 온종일 자신을 떠벌리며
자신을 구걸하며

위선(僞善)의 왕관을 쓰고
텅 빈 자신을 채울 세상을 구걸하며
세상 바람에 떠밀려 질척이며 돌아다닌다.
낙엽처럼.

아, 사람들은 이미 영원한 생명 가지에서 떨어져
죽은 것도 모른다.
언젠가 꺼지지 않는 불에 태워 버릴
낙엽이 된 것도
모른다.

모른다는 것도 모른다.

복음 단상

창조주 하나님을 떠나면 인간은 반드시 우상 숭배자가 된다. 영적으로는 교만한 거지가 된다. 사람의 마음은 이 우주보다 크기에, 하나님 없는 빈 마음의 공허함을 채우려 세상 영광을 구걸하는 거지가 되는 것이다. 젊은 시절 방탕했으나, 극적으로 회심하여 주님께로 돌아온 어거스틴은 그리스도 안에서 참 안식을 발견하고 다음과 같이 말했다.

"주님, 당신을 위해 우리를 지으셨으니 우리 마음이 당신 안에서 쉬기까지는 참 안식이 없나이다."

○ 이 세상의 공허함을 모르는 사람은 실로 그 사람 스스로가 공허한 것이다.(파스칼)

○ 나는 포도나무요 너희는 가지라 그가 내 안에 내가 그 안에 거하면 사람이 열매를 많이 맺나니 나를 떠나서는 너희가 아무것도 할 수 없음이라 사람이 내 안에 거하지 아니하면 가지처럼 밖에 버려져 마르나니 사람들이 그것을 모아다가 불에 던져 사르느니라(요 15:5, 6)

예수, 황혼에 돌아보다

잡초(雜草)

-진화론자들에게

그대여, 정원을 가꾸어 보았는가?

모든 게 우연이라고
오랜 시간만 지나면 저절로 된다는
그대의 그 주장은
우연이, 긴 시간이 지나
그대 생각의 정원에서 우연히 잡초처럼 솟아 나온 것인가?

날 때부터 장님이 있었다네.
다른 사람들은 우연히 정상적인 눈동자를 달고 나왔는데
이 불쌍한 친구는 그 흔한 수억만 년의 빈틈없는 정밀한 우연도
그를 비켜 갔었네.

그러나 그는 어느 날
한 분을 만났지
그분은 땅에 침을 뱉어 진흙을 이겨 그의 눈에 바르시고는
실로암 못에 가서 씻으라 하셨지

그의 엉클어진 시신경(視神經)이 비로소
그분의 말씀에 순종하여 바르게 작동하여

그는 우연히, 우연히,
우연히 존재하는 그대처럼 잡초를 보게 되었지

어떤 일이 일어났던 것일까?
그의 눈동자에서
수억 년의 시간이 우연히 흐르고 흘러
눈동자가 다시 제대로 다시 끼워 맞추어진 것일까?

그대여,
정원에서 우연히 솟아난 잡초를 보았는가?
그 이파리의 정교한 실핏줄
그 실핏줄 같은 잎맥을 바라보기 위해

그대의 눈 안에서 억만의 정밀한 시신경을 가진
눈동자가 제대로 작동해야 하는데
우연히
아, 긴 시간만 지나면 저절로 보인다는 그대는
자신의 영혼의 눈을 찔러 스스로 장님이 되었구려.

아, 그래서 그대 눈을 찌르면
비로소 보이게 될 걸세.
그대의 눈이 보는 이 세상의 그 잡초의 우연한 아름다움이
우연히 보게 된 것이 아니라는 것을
눈을 찌르고, 그대의 눈앞이 캄캄해지면,
우연은 없다는 것을

예수, 황혼에 돌아보다

알게 되지.
그대가 스스로 눈을 찌른 결과라는 것을
그대는 어둠 속에서 알게 되지.

캄캄한 지옥에 간 후에야 그대는
스스로 영혼의 눈을 찌르고
지옥에 와 있는 것이 결코 우연이 아니라는 것을
알게 되지.

복음 단상

진화론의 '우연한' 논리는 다음과 같다.

1. 모든 것은 우연히 존재한다.
2. 그러므로 나도 우연히 존재한다.
3. 그러므로 나의 진화론의 주장도 우연히 하는 것이다.

○ 창세로부터 그의 보이지 아니하는 것들 곧 그의 영원하신 능력과 신성이 그가 만드신 만물에 분명히 보여 알려졌나니 그러므로 그들이 핑계하지 못할지니라(롬 1:20)

○ 만일 하나님이 계시지 않았다면, 무신론자도 존재하지 못했을 것이다(G. K. 체스터톤)

은하수(銀河水)

밤하늘에도 축제가 열리네.
저 은하로 만만(滿滿)의 강수(江水)를 흐르게 하며
저 찬란한 밤하늘을
수놓는 폭죽의 축제가 열리고 있네.

저 하늘 너머 하늘,
삼층천(三層天)에 죄인이 돌아오는 날을 위한
하늘 축제가 있다는 것을 잊을까 봐
밤하늘에는 날마다
은하(銀河)의 군무(群舞)로 다리를 놓는
유월절(踰越節) 축제가 열리네.

언약의 무지개 너머
죄인들의 영혼을 기쁨과 찬양으로 채우려
밤하늘을 가르는 유월절 축제
죄인을 환영한다는 저 찬란한 은하 너머
시온성(城) 가는 그 영원한 길을

하나님의 어린 양
이 땅에서
십자가로 여셨다네.

오, 그날
창조주 하나님의 성령(聖靈)이 삼층천 하늘
성소(聖所)의 휘장을 가르고 땅으로 강림하셨는데

죄인아, 그대 마음의 휘장을 찢고
하늘 생명으로 다시 태어나
너를 향한 영원한 그리움이 묻어 있는 하늘 본향으로
돌아가지 않겠는가.

닫힌 그대의 마음 문,
이제 애통하며 하늘로 열지 않겠는가.

복음 단상

　　젊은 시절, 지리산 뱀사골에서 본 여름 밤하늘에 펼쳐진 별의 축제, 은하(銀河)의 축제를 잊을 수가 없다. 말로 할 수 없는 경이로운 여름 밤하늘의 축제였다. 하나님을 만나지 못했을 그때도 경이로웠지만, 하나님을 만나고 나니, 밤하늘의 별은 단순히 과학적으로만 설명할 수 없는 새로운 하나님의 경이였다. 세상은 우주라는 물리적인 세상으로 닫혀 있는 것이 아니다. 세상은 인격이라는, 영원이라는 열린 세상도 있다. 예수님은 그 열려 있는 하나님의 나라를 가지고 이 땅에 오신 분이시다.

o … 예수께서 갈릴리에 오셔서 하나님의 복음을 전파하여 이르시되 때가 찼고 하나님의 나라가 가까이 왔으니 회개하고 복음을 믿어라 하시더라(막 1:14, 15)

o 내가 곧 길이요 진리요 생명이니 나로 말미암지 않고는 아버지께로 올 자가 없느니라(요 14:6)

유월절(踰越節)에 부쳐

오, 작은 아이야
온 세상이 너를 환영한다는 소식은
온 세상에 너를 반겨 화안하게 피어 있는
꽃들을 보면 알 수 있지

눈부신 아침이 너보다 먼저 하늘 창(窓)을 열고
너를 반기고
밤하늘에도 너를 환영한다는 증거로
밤하늘에 은하로 터지는 폭죽의 축제가
날마다 열리는 것을 보면 알 수 있지

오, 작은 아이야
언젠가 돌아갈 영원한 하늘 집도 있다는 소식은
십자가를 보면 알지

하나님의 아들 그리스도가
하늘 은하 너머
진주문 안, 하늘나라로 들어오라고
십자가로 닫힌 하늘 문을 열었다는 소식은

누구나 읽을 수 있도록

비 갠 후, 무지개 뜬
맑은 하늘에 걸어둔 그분의 신실한 언약을 보면 알 수 있지

편지글로 새기고
십자가에도 못으로 새기고
가난한 마음에도 애통하는 슬픔으로 새겨

오, 작고 연약한 아이야
기도하는 가난한 마음은
마음으로도 스스로도 알게 하셨지

복음 단상

유월절(踰越節)은 이스라엘의 삼대 절기 중의 하나다. 절기는
인간의 구원을 보여주는 예표이기도 하다. 예표(豫表)란 '미리
보여주는 표적'이라는 뜻이다. 이스라엘의 삼대 절기는 유월절,
오순절(칠칠절, 맥추절), 그리고 초막절(장막절)이다. 이 세 절기
는 그리스도의 구원의 역사를 예표하고 있다. 유월절은 애굽으
로부터의 구원을 기념하는 절기인데, 유월절의 핵심은 어린 양
의 피다. 어린 양의 피를 바른 집은 하나님의 진노로부터 구원
을 받았다. 그러나 그러지 못한 애굽은 모든 장자와 짐승의 첫
것이 죽는 재앙을 면하지 못했다.(출 11-14장) 이 유월절 어린
양이, 예수 그리스도시다. 그래서 선지자 세례 요한은 예수님을
가리켜 "보라 세상 죄를 지고 가는 하나님의 어린 양이로다"라
고 외쳤다. 오순절(五巡節)은 출애굽 후, 50일째의 절기로, 칠칠

예수, 황혼에 돌아보다

절이라고도 한다.[3] 모세가 출애굽 한 후, 하나님으로부터 10계명을 받은 절기다. 예수님의 십자가 사건 이후, 예수님은 초실절에 부활의 첫 열매로 부활하셨다. 그리고 오순절에 오실 성령님을 기다리라고 제자들에게 가르치고 다시 하늘로 승천하셨다.(행 1장) 그리고 약속대로 오순절날 성령님이 제자들에게 강림하셨다.(행 2장) 이렇게 하나님은 약속의 말씀을 통해서, 절기를 통해서 혹은 성막을 통해서 하나님의 구원의 계획을 미리 잘 보여주고 있다. 마지막 절기가 초막절 혹은 장막절인데, 곡식을 추수하여 장막에 들이는 절기다. 이 절기는 그리스도의 재림과 심판을 예표하는 절기이기도 하다. 사람도 중요한 일을 할 때는 계획을 세운다. 자기 형상으로 지은 인간을 구원하는 중요한 일에…. 하물며 하나님이시겠는가.

○ 하나님이 이르시되 내가 나와 너희와 및 너희와 함께하는 모든 생물 사이에 대대로 영원히 세우는 언약의 증거는 이것이니라 내가 내 무지개를 구름 속에 두었나니 이것이 나와 세상 사이의 언약의 증거니라(창 9:12, 13)

---

3) 7*7= 49다. 49년 다음인 50년이 희년(禧年), 즉 기쁨의 해다. 하나님이 정하신 희년은 모든 노예가 해방되고 땅이 원래의 주인에게 돌아가는 해다. 필자는 불교의 49재(四十九齋)가 구약의 칠칠절과 희년에서 유래한 것이라고 생각한다.

봄꽃

(1)
기도하는 가난한 마음에는
봄꽃으로 돌아오겠다는
언약의 언덕에 십자가 나무 한 그루 서 있네.

그 나무 한 그루, 상한 내 마음의 뜰에
기도로 심었네.

그 나무 아래에서 기도할 때마다
꽃 지듯 주님의 붉은 피는
후둑이며 내 안에 떨어졌네.

죄인에게만 주저 없이 낙화(洛花)하는
용서의 피,
그 피로 인한 그 깊은 사랑의 상처에서
주님이 열어주신 새 하늘을 보았네.

나도 어느새 발꿈치를 들고
온 마음과 몸, 새 하늘 향해
창(窓)으로 열었네.

예수, 황혼에 돌아보다

(2)
내 마음의 언덕 위에
언약의 십자가 나무 한 그루 서 있네.

두 팔을 벌리고
언제든지 내게로 돌아오라는
주님의 십자가 나무

나도 어느새
날마다
해마다
그 따스한 사랑에 바위 같은 내 마음
금이 가고 깨어져

그 틈에서
마침내 그 핏방울이 맺은 붉은 꽃
그 나무 상처 난 옹이마다
점점이 화사하게 기쁨으로 피어났네.

옛적 본향 땅에서 생명나무 지키며 돌고 있던
천사들의 그 화염검(火焰劍)

이제
화사한 봄날처럼
온 천지에 나를 둘러 있네.

복음 단상

　　하나님을 만나면 이 세상이 전부가 아니라는 것을 알게 된다. 천국과 지옥이 있다는 것을 알게 된다. 예수님이 왜 그렇게 하나님의 나라(천국)에 대하여 말씀을 많이 하셨는지 알게 된다. 동시에 왜 그렇게 지옥에 관한 말씀도 많이 하셨는가를 알게 된다. 그래서 이 세상이 전부가 아니므로 다음 세상을 준비하는 삶을 살게 되는 것이다. 하나님의 영, 예수 그리스도의 영, 곧 성령으로 거듭나면 하나님의 자녀가 되어 성화의 삶을 살게 된다. 물론 그 과정에는 기쁨만 있는 것은 아니다. 영적인 전쟁, 자기 부인의 십자가의 길도 있다는 것도 깨닫게 된다. 그러나 참된 세상이 있다는 것을 발견한 사람은, 이 세상에 영원한 집을 세우지 않는 법이다. 다리는 건너가는 곳이지 그 위에 집을 세우지 않는 법이다. 그래서 성경은 성도들을 두고 '나그네'라고 한다. 나그네는 이 땅에서 영원히 살 것처럼 살지 않는다. 나그네는 돌아갈 본향 집이 있는 것이다. 그리고 생명나무이신 그리스도 결합한 성도는 생명나무를 지키는 천사들(그룹)의 화염검이 이제는 그를 둘러 지키고 있다는 것도 알게 된다.

○ 이같이 하나님이 그 사람을 쫓아내시고 에덴동산 동쪽에 그룹들과 두루 도는 불 칼을 두어 생명나무의 길을 지키게 하시니라(창 3:24)
○ … 이는 너희 안에 계신 이가 세상에 있는 자보다 크심이라(요일 4:4)

통곡(痛哭) 1

서울 사는 작은 아들 내외가 이사 간 동네를 걷다가
멀리 십자가 달린 첨탑(尖塔)을 보았다.
교회 이름이 궁금했다.

그날 밤 꿈에 그 교회가 다시 보였다.
이름이 궁금하여 가까이 가니
「통곡교회(痛哭敎會)」
이름도 선명했다.

교회가 통곡(痛哭)해야 한다는 뜻일까
교회가 세상을 위해 울어야 한다는 뜻일까
나도 교회이니
내가 통곡해야 한다는 뜻이었을까

세상을 위해 울지 않는
나에게
주님이 꿈으로라도 전하고 싶은 말씀이었을까

언제쯤
그 이름이 지워지고
새 이름으로 거룩하게 세운 교회의 꿈을 보여주실까

그날을 위해

누군가 새벽을 깨우며

얼마나 울어야 할까

복음 단상

이태원 쪽에 작은아들 내외가 산다. 그래서 그곳을 간 적이 있
다. 멀리 교회가 보였는데, 교회의 이름은 너무 멀어서 알아볼
수 없었다. 그러다가 꿈에 그 교회가 다시 나타났다. 가까이 가
서 보니, 「통곡교회(痛哭敎會)」라고 선명하게 적혀 있었다. 이상
한 꿈이다… 생각했으나 잊었다. 그러다 몇 년 뒤 이태원의 참
사가 일어났다. 그 꿈이 다시 떠올랐다. 아직도 그 꿈이 정확하
게 무엇을 의미하는지 모른다. 아무튼 교회가 울어야 한다, 통
곡해야 한다는 뜻인 것 같았다. 교회가 자신을 위해서 울고 세
상을 위해서도 울어야 한다는 뜻인 것 같았다. 나도 교회의 일
부가 아닌가. 그래서 잊지 않기 위해 시로 남겼다.

○ 환난 날에 나를 부르라 내가 너를 건지리니 네가 나를 영화롭게 하
리로다(시 50:15)

통곡(痛哭)2

세상 만물들이 사람들의 죄악 때문에
애통하며 슬피 울고 있는데
정작 통곡하며 울어야 할 사람들만 울지 않는구나.

거룩한 천상에서 내려온
십자가만 저 멀리
홀로 서서

하늘 귀향의
이 저무는 황혼 녘
소리 없이

오늘도 붉은 피를 흘리고 있누나.

하나님도 성도를 위해서 기도하고 있다는 것을 아는가. '이와 같이 성령도 우리의 연약함을 도우시나니 우리는 마땅히 기도할 바를 알지 못하나 오직 성령이 말할 수 없는 탄식으로 우리를 위하여 친히 간구하시느니라.'(롬 8:26) 삼위 하나님 중에 한 분이신, 성령께서도 성도의 연약함을 돕기 위해 말할 수 없는 탄식으로 성부 하나님께 기도하고 계신다. 죄인을 위하여 성부 하나님은 독생 성자이신 예수님을 십자가에 내어 주셨고, 예수님은 자신의 몸을 찢어 성도에게 주셨다. 그리고 성령께서도 성도를 위하여 말할 수 없는 탄식으로 기도하신다. 놀랍지 않은가? 그대여, 이 놀라운 사랑의 연합 안으로 들어오지 않겠는가? 예수님은 그대에게 말씀하신다. '나는 선한 목자라 선한 목자는 양들을 위하여 목숨을 버리거니와'(요 10:11) '내가 그들에게 영생을 주노니 영원히 멸망하지 아니할 것이요 또 그들을 내 손에서 빼앗을 자가 없느니라 그들을 주신 내 아버지는 만물보다 크시매 아무도 아버지 손에서 빼앗을 수 없느니라 나와 아버지는 하나이니라.'(요 10:28-30)

○ 네 악이 너를 징계하겠고 네 반역이 너를 책망할 것이라 그런즉 네 하나님 여호와를 버림과 네 속에 나를 경외함이 없는 것이 악이요 고통인 줄 알라 주 만군의 여호와의 말씀이니라(렘 2:19)

먼 길

주님과 함께 걸으면
산과 들이 참 좋다.

비가 와도
눈이 와도
참 좋다.

주님과 함께 걸으면
혼자인 게
참 좋다.

주님만
홀로

사랑할 수 있어서
먼 길도 참 좋다.

아지랑이 피어나는
외로운 오솔길은

더욱더
좋다.

다음은 십자가의 성 요한의 시다. 제목은 「갈멜산에 오르기」다.

'아직 가져보지 못한 기쁨을 얻기 위해 / 경험해 보지 않은 길을 가야 합니다. / 아직 가져보지 못한 지식을 얻기 위해 / 모르는 길을 가야 합니다./ 아직 가져보지 못한 것을 얻기 위해 / 가보지 않은 길을 가야 합니다./ 아직 아닌 존재가 되기 위해 / 아직 아닌 존재의 길을 가야 합니다.'

주님과의 놀라운 교제, 천국을 가기 위해서는 과감하게 이 세상이 가리키는 길과는 다른 길을 가야 한다. 그 길은 외로울 수도 있다. 그러나 하나님이 영원토록 함께 가는 길이니, 실상은 가장 기쁘고 즐거운 길이다. 그 길은 기도의 길이요, 하나님의 말씀을 따라가는 길이다. 주님과 동행하는 마음의 길이다.

○ 만일 누구든지 주를 사랑하지 아니하면 저주를 받을지어다 우리 주여 오시옵소서 주 예수 그리스도의 은혜가 너희와 함께하고(고전 16:22, 23)

구름

뭉게뭉게 피어나는
새하얀 구름들

생각도 저렇게 하얗게만 피어나면 얼마나 좋을까
새파란 하늘에
무흠(無欠)의 생각들로
주님이 기뻐하시는
사랑의 수(繡)를 놓을 수 있으면 얼마나 좋으랴

오, 주님
우리는 자주 먹구름이 일고
거친 바람도 붑니다.

내 마음의 하늘에
하얀 뭉게구름만 피어났으면

그 구름에
주님의 붉게 물든 사랑으로
오늘 하루를 채색(彩色)하면서

오늘 하루도
눈물 어린 기도로 저물어 갔으면

복음 단상

거듭난 성도라고 해서 완전한 것은 아니다. 아기가 넘어지면서 걷듯이, 성도도 넘어지면서 자란다. 그러나 성도는 죄로 넘어지는 것을 아파한다. 더구나 성령으로 거듭나게 하신 분, 참 부모이신 하나님은… 자신의 거룩한 영으로 거듭나게 한 아기(성도)가 넘어진다고 해서 절대로 실망하지 않으신다. 아이가 넘어진다고 실망하는 부모가 어디 있는가?

○ 그런즉 믿음, 소망, 사랑 이 세 가지는 항상 있을 것인데 그중에 제일은 사랑이라(고전 13:13)

예수, 황혼에 돌아보다

오월에 부쳐

오월을 잊지 않고 지난해 봄날처럼
뻐꾸기가 울었다
도심(都心) 근처에도 날아와 여기도 아직 살 만하다고
울어주는 것 고맙구나.

산 너머 간
친구들은 돌아오지 않는데
지난겨울 다 지나고
화창한 봄날에 다시 울어주는 것 고맙구나.

천국에도 뻐꾸기가 날고 있을까
산 너머 간 친구들
천국에서 봄날처럼 만날 수 있을까

오월에 꽃 피듯
그곳에서 반갑게 피어 있을까

산 너머에도 화창한 오월
열린 하늘에

나도 꽃핀 채
주님을 반겨 만날 수 있을까

복음 단상

나이가 드니 친구들 중에는 세상을 일찍 떠난 친구들도 있다. 오랜 친구들 중에 예수 그리스도를 아는 친구들은 많지 않다. 더구나 일찍 죽은 친구들 중에도 예수 그리스도를 알고 간 친구는 거의 없다. 그들에게 복음을 전하지 않은 것은 아니지만, 더 많이 더 기도하지 못해 마음이 아프다. 인생무상이라고 한다. 그러나 하나님을 찾지 않고, 하나님과의 친밀한 사랑의 교제가 없는 사람들에게만 인생은 무상한 것이다. 주님을 만나고 천국이 있다는 것을 아는 성도는 결코 그런 말을 할 수가 없다. 독자여, 그대에게도 끝이 있다는 것을 기억하라. 동시에 그대가 돌아갈 수 있는 그대의 본향 집, 영원한 나라도 있다는 것을 기억하라.

○ 그가 낙원으로 이끌려 가서 말로 표현할 수 없는 말을 들었으니 (고후 12:4)

예수, 황혼에 돌아보다

다시 바닷가에서

다시 바닷가에 열린 마음으로 서 보라
바위에 찬란하게 부서지는 것이
어찌 푸른 파도뿐이겠는가

하얀 물보라에도
경이로운 머리칼 물결치듯, 바위에 부서져
흩날리는 황금비율

파도를 연주(演奏)하며 주(主) 영광의 현(絃)의 물결
하늘 무늬 지우며
콘트라베이스의 낮은 음계에
실려 오는데

그대를 위하여 넘실거리는 파도에
지난밤 무거운 머리를 맑게 감고
날마다 동 터며 열리는
저 아침처럼

그대가 다시 이 바닷가에서 또다시 아침처럼 열리고
그대 마음이
파도처럼 산산이 깨어져 부서지기만 하면

어찌 부서지는 것이
파도뿐이겠는가

그대 안으로 영광으로 물결쳐 밀려오는
하늘나라 그 포말(泡沫)들조차
깨어지고 부서져 그대에게
하늘 여명(黎明)을 열며 파도처럼 밀려오고 있는 것을

다시 바닷가에 가난한 마음으로 서 보라
바닷가에서 깨어지는 것이
어찌 파도뿐이랴

하늘 마음도 십자가에서 깨어져
그대의 바위 같은 심령에
날마다 파도처럼
하얗게 산산이 부서지고 있는 것을.

예수, 황혼에 돌아보다

복음 단상

파도가 부서질 때도, 피보나치수열[4]에 의해서 일정한 법칙에
따라 부서진다는 것을 아는가. 이토록 님의 지혜와 영광은 온 만
물에 깃들어 있다. 물론 그렇다고 만물이 하나님은 아니다. 대자
연에는 하나님의 경이로운 지혜와 능력이 스며 있는 것이다. 이
놀라운 하나님의 솜씨에 대한 경이를 노래한 시 한 편을 소개한
다. 영국의 여류시인 엘리자베스 브라우닝은 이 땅이 천국-하
나님의 경이-로 가득 차 있는 것을 발견하고 그 경이 앞에 모
세처럼 신발을 벗는데, 어떤 사람은 그렇지 않다고 노래했다.

---

4) 해바라기는 수학자들의 관심을 끄는 꽃이다. 해바라기 씨앗들이 촘촘히 박혀 있는 것이 우
연하게 배열된 것이 아니라 정교한 규칙을 따르고 있다. 해바라기 내부를 주의 깊게 들여다
보면, 씨들이 중심으로부터 바깥쪽으로 굽어지는 나선형으로 배열되었음을 알 수 있다. 때
로는 오른쪽으로, 때로는 왼쪽으로 휘는 나선이다. 어떤 나선들은 다른 것보다 더 심하게
휘어져 있다. 그런데 오른쪽으로 휜 나선과 왼쪽으로 휘는 나선들의 수를 세어본다면, 각자
의 숫자가 하나씩 나온다. 그러나 아무 숫자가 나타나는 것이 아니라, 세계에서 가장 유명
한 수열인 피보나치수열에 속하는 수 두 개다. 피보나치수열은 1, 2, 3, 5, 8, 13, 21,
34, 55로 시작한다. 그러면 다음에는 어떤 수가 나타나는가? 간단하다. 마지막 두 숫자
의 합이 다음 숫자다. 그러니까 다음 피보나치의 수는 89이다. 34+55=89. 이것을 발견
한 사람은 피보나치라고 불리던 피사의 레오나르도이다. 1202년 출간된 『주판의 책』에서
그는 인도-아라비아 십진법이 당시 통상적으로 쓰이던 로마의 수의 체계에 비해 우수함을
증명했다. 피보나치는 이 책에서 피보나치수열을 다루어 유명해졌다. 전체 식물의 90%가
피보나치수열의 잎차례를 따르고 있다고 한다. 이처럼 잎차례가 피보나치수열을 따르는 것
은 이것이 잎이 바로 위의 잎에 가리지 않고 햇빛을 최대한 받을 수 있는 수학적 해법이기
때문이다. 시험 삼아 피보나치수열의 뒤의 항을 앞의 항으로 나누어 보면 점점 '어느 일정
수치(1.618…)'에 접근해 가는 모습을 알게 된다. 이 수치야 말로 잘 알려진 '황금비(율)'이
다. 독자여, 이 놀라운 규칙은 태풍, 은하수의 형태, 초식동물의 뿔, 파도 등 처처에서 발
견된다. 이것을 '우연'이라고 말하고 싶은가?

땅은 천국으로 가득 차 있고

모든 흔한 숲은 천국으로 불타오르지만,

오직 보는 자만이 신발을 벗고

나머지는 둘러앉아 검은 딸기를 따는구나.

o 하나님은 자신을 시험하는 자에게는 숨기시지만 하나님을 진심으로
찾는 자에게는 스스로를 나타내신다.(파스칼)

예수, 황혼에 돌아보다

밤에

어릴 적 깜깜한 밤
자다가 눈을 뜨면 어둠이 무서워
엄마- 하고 부르면

응, 나 여기 있다
토닥이는 그 부드러운 음성 듣고 다시 잠이 들었네.

나이 들어 영혼의 어두운 밤
내 심령이
주님- 하고 부르면

응, 나 여기 있다
그 임재 안에 놀라운 평강이여!
그 품 안에서 기뻐하며
젖 뗀 아기처럼 다시 잠이 드네.

참 신기하여라.
엄마는 그 시간에 내가 깰 줄을 어찌 알았을까.
참 신비로와라.
주님은 내가 두려워할 때를 어찌 알았을까.

✝ 복음 단상

여자는 갈대같이 약하나 어머니는 강하다는 말이 있다. 자식을 위해 어머니는 자기 생명도 아끼지 않는 법이다. 그런데 하물며 하나님께서 성령(하나님의 영, 그리스도의 영)으로 다시 태어나게 한 자신의 자녀에게 어떻게 하시겠는가? 그래서 시편 기자는 다음과 같이 노래한다.

내가 산을 향하여 눈을 들리라. 나의 도움이 어디서 올까? 나의 도움은 천지를 지으신 여호와에게서로다. 여호와께서, 너를 실족하지 아니하게 하시며, 너를 지키시는 이가 졸지 아니하시리로다. 이스라엘을 지키시는 이는 졸지도 아니하시고 주무시지도 아니하시리로다…. 여호와께서, 너를 지켜 모든 환난을 면하게 하시며, 또 네 영혼을 지키시리로다. 여호와께서 너의 출입을 지금부터 영원까지 지키시리로다.(시 121편)

독자여, 그런데 문제는 당신이 그 놀라운 하나님의 자녀인가 하는 것이다. 하나님의 약속은 하나님의 자녀들을 위한 것이다. 예수 그리스도는 당신을 하나님의 자녀로 만들기 위해 오신 분이시다.

○ … 볼지어다 내가 세상 끝 날까지 너희와 항상 함께 있으리라(마 28:20)

○ 구하는 이마다 받을 것이요(마 7:8)

예수, 황혼에 돌아보다

누가 그런 세상을 만들까

눈이 있는데 그대가 볼 푸른 하늘이 없다면
두 발이 있는데 걸을 땅이 없고
목이 마른데 시원한 마실 물이 없다면
그대 어떡하겠는가?

누가 그런 이상한 세상을 만들겠는가?
그러나 푸른 하늘이 있어도 그대가 바라보지 않고
고향이 있어도
그대가 돌아오지 않는다면
그 푸른 고향 하늘 무슨 소용일까

그대 영혼이 지쳐 있는데
그 영혼이 쉴 안식 없는 그런 이상한 나라를 누가 만들까
영원을 사모하는 마음을 주신 분이
어찌 영원한 나라를 만들지 않았을까

그러나 천국이 있어도 그대가 없다면
죄가 있어도 용서의 십자가가 그대에게 없다면
오, 하나님의 아들 그리스도가
그대 마음에 없다면
천국 문이 저렇게 하늘보다 넓게 열려 있어도

그대 천국에 들어가지 못하리

그대를 위한 영혼의 본향
하늘 영광의 집
열두 보석으로 빛난들
이 세상에만 눈먼 그대에게
거룩한 그 나라 무슨 소용일까?

그대 마음이 있어도
그대보다 큰 하늘 아비 마음 안에 안기지도 않고
그 안에서 쉬지도 않으니

하늘 아비 마음, 온 우주보다 더 넓게 열려 있는들
완악한 자아에 갇힌 그대에게
저 하늘 영광, 은하(銀河)처럼 흐른들
그대에게 무슨 소용이 있으랴

복음 단상

이 세상을 당연한 것으로 바라보지 말고, 다른 각도로 생각해 보라. 우리가 볼 수 있는 눈이 있는데, 푸른 하늘도, 아름다운 꽃도, 초록도 들판도 없다면, 그것이 이상하지 않겠는가? 식물들이 온통 붉은색이고, 하늘은 검은색이라면 어떻겠는가? 선하신 하나님이 우주를 창조하셨기에 우리가 보기에도 좋은 것이다. 더구나 인간은 영원한 것을 갈망한다. 생각해 보라. 영원을 사모하는 마음을 주신 분이 어떻게 영원한 세상을 만들지 않았겠는가? 그 영원한 세상-즉 천국을 가장 많이 말씀하신 분이 있다. 그분이 예수 그리스도시다. 지옥도 있다. 그것을 가장 많이 말씀하신 분도 예수님이시다. 독자여, 허점하고 부활하지도 못하고, 그대를 죄에서 구원하지도 못할 철학자들의 뱀 같은 혓바닥에서 나온 그들의 말에 자신의 영원을 맡기겠는가? 『나는 왜 기독교인이 아닌가』라는 책을 쓴 철저한 무신론자인 버트란트 러셀은 다음과 같이 외쳤다. "우리는 밤과 공허를 향해 울부짖으며 대양의 해변에 서 있다." 그러나 예수님은 말씀하신다. '내가 곧 길이요 진리요 생명이니 나로 말미암지 않고는 아버지께로 올 자가 없느니라.'(요 14:6) 독자여, 누구를 따라야 하는 것이 자명하지 않는가.

○ 하나님이 모든 것을 지으시되 때를 따라 아름답게 하셨고 또 사람들에게는 영원을 사모하는 마음을 주셨느니라 그러나 하나님이 하시는 일의 시종을 사람으로 측량할 수 없게 하셨도다(전 3:11)

그대를 위한 기도(祈禱)

어느덧 밤은 고요하고
밤물결도 잠잠한데
주님과 나는 서로를 바라보며
서로가 서로에게 밤하늘보다 깊어지네.

주님과 나 사이에 사랑으로 흐르는
하늘 강을 따라
꿈꾸듯이 흐르다가

우리는 어느덧 하늘 사랑에 젖은 별들 사이
밤하늘을 저어가는
작은 돛단배처럼

하늘 저 멀리 외로운 섬
그대에게 닿고자
하늘 강을 노 저어가네.

그대 그리운 별이여
그 섬에
사랑의 닻을 내리네.

복음 단상

기도 중에 중보기도(仲保祈禱)가 있다. 영어로 intercessory prayer라고 한다. 적대적인 관계나 시시비비가 있는 양자 사이에서 화해와 일치를 도모하는 일이 중보다. 성경은 하나님과 인간 사이를 화목케 하고 화평을 가져오게 하는 일을 중보라고 한다.(사 38:14) 성경에서 하나님 우리 같은 죄인 사이에 중보자는 오직 예수 그리스도뿐이시다.(갈 3:19-20; 딤전 2:5; 히 8:6 참고) 그런데 오늘날, 중보기도는 '그 사람의 입장에서' 기도하는 것이라고 오해가 있다고 오스왈드 챔버스 목사는 말한다.

그럼에도 필자는 우리를 향한 하나님의 뜻은 '항상 기도하고 낙심하지 말아야 할 것'(눅 18:1)인 줄 안다. 아기가 자라면서 부모의 뜻에 맞는 올바른 기도를 드릴 수 있는 사람이 얼마나 되겠는가? 그래서 필자는 주님과 동행하면서, 하나님께 불신자들이나 성도들을 위하여 간구하는 것도 중보기도의 하나라고 생각한다. 물론, 나머지는 주님이 알아서 들으실 일이라고 믿는다. 부모가 우리의 요구를 걸러서 들으시듯이 말이다.

○ 내가 아버지의 이름을 그들에게 알게 하였고 또 알게 하리니 이는 나를 사랑하신 사랑이 그들 안에 있고 나도 그들 안에 있게 하려 함이니이다(요 17:26)

기도하게 하소서

주여, 가을에는 기도하게 하소서.
그리고 가을날 해 질 무렵
심령(心靈)이 더욱 가난하게 하시어,
당신의 임재를 더욱 사모하고 그리워하게 하소서.

내가 가을 자체가 되어
해 저무는
이 세상 모든 풍경(風景) 속으로
노을 지듯 고요히 지게 하시되,
내 마음 안에서 만나는 주님을 더 깊이 알아가는 것과
더 깊은 겸손을 허락하소서.

주여, 가을에는 마음을 하늘로 모으게 하소서.
저녁 노을로 물들어 가다가도
언젠가 하늘로 돌아갈 사람들을 위해 더욱 깊이 눈을 감고
먼 곳으로
또한 더 깊은 곳으로
마음을 모으게 하소서.

그리하여 눈물 머금은 간절한 기도 편지를
하늘 호수(湖水)로
점점이

예수, 황혼에 돌아보다

띄워 보내게 하소서.

그 편지가 주님 발치에 닿게 하시어
마침내
그 편지에 쓰여진 사람들의 마음에
십자가로 내려오시어

그들이 구원받도록
날마다 우리의 가난한 기도를 허락하소서.

복음 단상

'기도란 우리의 마음속에 하나님을 모시어 들이는 것'이라고 오 할레스비 목사는 말한다. 그의 저서 『기도』에서 그는 옛적부터 '기도는 영혼의 호흡'이라고 말해 왔다면서, 숨을 쉬는 것과 숨을 참는 것 중에 어느 것이 쉬운가를 묻고 있다. 당연히 숨을 참는 것이 어렵다. 그는 '볼지어다 내가 문 밖에 서서 두드리노니 누구든지 내 음성을 듣고 문을 열면 내가 그에게로 들어가 그로 더불어 먹고 그는 나로 더불어 먹으리라'(계 3:20)라는 주님의 말씀을 전제로 이 말을 하고 있다. 심령에 하나님의 영, 곧 예수 그리스도의 영이신 성령님을 모신 성도들에게는 이 말씀이 어렵지 않다. 숨 쉬는 것을 어려워할 사람이 어디 있겠는가? 그만큼 주님과의 친밀한 사랑의 교제인 기도는 성도에게는 어려운 일이 아니다. 문제는 그대의 마음 문을 두드리고 있는 그 하나님께 마음을 여는 일이다.

○ 내가 아버지의 이름을 그들에게 알게 하였고 또 알게 하리니 이는 나를 사랑하신 사랑이 그들 안에 있고 나도 그들 안에 있게 하려 함이니이다(요 17:26)

예수, 황혼에 돌아보다

여린 연꽃, 두 송이

두물머리에 갔었네.
두물은 간데없고
언제나 한물 되어
눈물 가득 하늘 담은 호수로 하나 되어 있었네.

아내랑 연잎 따스한 음식을 먹으며
두런두런 여울지듯
강가를 돌아 나오는 길에

딸 같은 어린 두 수녀(修女)
강가에 앉아 우리와 같은 연잎으로 만든 음식을 먹으며
수줍은 듯 연꽃처럼 고개를 숙이고 있었네.

갑자기 주님에게 어린 딸을
시집보낸 아비같이
아려오는 마음에
여린 연꽃 두 송이 피어나누나.

그날 이후 내 마음에는
두물머리 그 풍경
왜 여린 슬픔으로 남는지

나도 주님과 함께

강처럼 흐르다가

하늘 눈물 가득 담은 그 호숫가에 이르면

문득 그 풍경

슬픈 이유도 없이

여린 연꽃, 두 송이로 피어나누나.

복음 단상

　한때 가톨릭교회가 타락했지만, 그토록 타락했던 중세 교회에서도 신실한 성도들은 있었다. 내가 자주 묵상하는 성결한 여성 성도들이 있다. 잔느 귀용 부인, 아빌라의 데레사. 시에나의 카타리나 등이 그들이다. 올바른 교리도 참으로 중요하지만, 교리 자체가 사람을 구원하는 것은 아니다. 구세주는 예수 그리스도시다. 요한 웨슬레가 꿈에 천국에 갔는데, 그곳에는 가톨릭교도, 감리교인도, 장로교인도, 영국의 국교도들도 없었다. 오직 예수 그리스도를 사랑하는 성도들만 있었다고 한다. 나도 그렇게 생각한다. 하나님을 사랑하는 성도들이 가는 곳이 천국인 것이다.

ㅇ 택하심을 받은 네 자매의 자녀들이 네게 문안하느니라(요이 1:13)

예수, 황혼에 돌아보다

사과 혹은 우연히 쓰여진 시

-무신론자들을 위하여

(1)
우연히 사과 한 알이 땅으로 떨어졌다.
사과나무 아래에서
기도하던 사람이 우연히 만유인력을 발견하고
우연한 세상에서 유명한 과학자가 되었다.

진리가 없는 우연한 세상에서
과학 하기가 힘들어
과학자들도
공상가처럼 별을 헨다.

우연히 시인이 된 사람들은
시는 논리보다 뛰어나고
꿈이 현실보다 아름답다고 노래한다.

우연한 세상에서
뛰어난 논리로 평론가가 된 프랑스 신좌파는
우연히 쓰여진 시를 비난한다
뜬구름 잡는 부르주아 시인이 우연히
쓴 시라고

우연히 생긴 그의 좌뇌에서 논리적으로 쏟아내는
비난의 화살
정확하게 좌측 과녁에 맞았다고
자랑하누나.

(2)
모든 게 우연이라면서
한사코 자신의 논리만큼은 우연이 아니라
진리요 과학이라고

그는 우연히 값이 비싼 이태리 대리석 식탁에
팔을 비스듬히 기대고, 우연히 생긴 눈을 가늘게 뜨며

진실로 몸에 좋다면서
만유인력으로 떨어진 사과를 집어 들고
가늘고 정교한 손으로 빙 돌려가며
깎는다.

그리고 갑자기
분노의 포크로 우연히 쓰여진 시를 찍는다.

시어(詩語)는 화들짝 놀라 우연히
새가 되어 날아갔다.
다시는 그에게는 돌아오지 않았다.
그리고 시(詩)가 없는

　　　　　　　　　　　　　예수, 황혼에 돌아보다

우연히 남겨진 세상에서
그만 홀로 껍질이 반쯤 벗겨진 사과처럼
녹슨 정물로 남았다.

홀로
우연히

복음 단상

다음은 캠벨 몰간 목사의 회심 간증이다. 그는 평소에 교회를 다니는 사람이었다. 그런데 십자가를 만나고 나서야 비로소 '죄인'임을 깨달았다. 그는 마틴 로이드 존스 목사의 전임목사로, 유명한 웨스트민스터 교회의 담임 목사를 지냈다.

"하나님의 사랑을 보지 못하는 사람은 하나같이 자신의 죄에 대한 의식도 상실하게 된다. 계시의 하나님을 알지 못하는 사람은 마치 자신이 계시의 빛 가운데 사는 사람인 것처럼 자신의 죄에 대해 말하지 않는다. 그런 사람은 죄를 그저 약점이나 결함 또는 발전을 위한 과정으로 여긴다. 오늘날, 이 시대에 높은 지성을 자랑하는 사람들은 자신의 죄에 대하여 생각하거나 말하기를 싫어한다. 이것이 우리 모두가 수긍하는 사실이다. 그러나 엄연한 사실을 고의로 무시하는 것이 고도로 발전한 지성의 표식이 될 수는 없다. 다시 말하지만, 하나님을 보지 못하는 사람은 자신의 죄도 보지 못한다…. 하나님 앞에 설때, 우리는 죄가 무엇인지 깨닫기 시작한다. 나는 믿는 가정에 태어나 믿는 부모에게 양육을 받았다. 그리고 나는 이런 감사하고 온화한 환경 덕택에 상스러운 말을 입에 담거나 추악한 행동을 저지르지 않고 젊은 시절을 보낼 수 있었다. 나는 고막이 터질듯한 시내산의 천둥소리에 덜덜 떨린 적도 없고, 그 소리에 마음속 깊이 죄를 자각한 적이 없다. 나는 십계명의 마지막 여섯 가지 계명에 대해 자신감을 보인 젊은 관원과 같은 마음을 가지고 늘 살았던지라 정결함 그 자체이신 주님의 얼굴을 빤히 쳐다보면서 '선생님이여, 이것은 내가 어려서부터 다 지켰나이다.'(막 10:20)라고 말할 수 있었다. 그러나 내가 하나님 앞

예수, 황혼에 돌아보다

에 섰을 때, 접근하기 어려운 시내산 자락이 아니라 성 밖의 황폐한 골고다 언덕에 의식적으로 섰을 때, 그래서 십자가의 수욕과 고통의 비밀 속에서 하나님의 마음을 보았을 때, 자신을 희생하시는 하나님의 마음, 자신을 부정하시는 하나님의 마음을 보았을 때, 내 자신이 얼마나 추악한 죄인인지 알 수 있었다. 나는 사랑이신 하나님 면전에 나아가 그 사랑 안에서 한 줄기 빛을 보았고, 그 빛을 보는 순간 말할 수 없는 부끄러움에 티끌처럼 작아졌다. 나의 슬픈 마음은 기도하기를 갈망했지만, 감히 하나님의 이름을 입에 올릴 수 없었다. 주님이 나를 살리기 위하여 자신을 버리신, 형언하기 어려운 사랑으로 느껴졌기 때문이다. 그리고 나는 죄가 지난날의 비행(非行)에 내재한 것이 아니라, '자아 중심'이라는 나의 본질적인 태도에 내재하고 있다는 것을 그 사랑의 빛 안에서 깨달았다. 그렇다. 내가 손을 입술에 대고, '나는 부정한 죄인입니다! 부정한 죄인입니다!'라고 흐느낀 것은 예수님이 나를 하나님의 마음으로 데려갔을 때이다."

○ 우리는 다 양 같아서 그릇 행하여 각기 제 길로 갔거늘 여호와께서는 우리 모두의 죄악을 그에게 담당시키셨도다(사 53:6)

○ 길이 없으면 감(걸어감)이 없고, 진리가 없으면 앎이 없고, 생명이 없으면 삶이 없다.(토마스 A. 켐피스)

별이 쏟아지는 언덕

밤하늘 어릴 적 잃어버린 별을
눈에 담으려고 가을 산
고향 언덕에 올랐네.

먼 들녘에 해는 지고
하나씩 떠오르는 별들은 어릴 적 그 자리인데
사람만 강물처럼 흘러
저렇게 별과 멀어졌구나.

이제는 별이 내 대신 눈을 뜨고
흐린 나를
잠잠히 내려다보는구나.

눈을 감아도
별이 뜨는 청명한 하늘 같은
내 마음은 언제쯤
부끄러움 없이 하늘에게 보여줄 수 있을까.

주님이 하나님과 그러하셨듯이
나는 언제쯤
주님 마음에 그리움으로 떠오르는

예수, 황혼에 돌아보다

별로 떠
주님과 부끄러움 없는 눈을 맞출까.

오늘도 나는
영롱한 별들과 눈을 맞추려
내 본향 가는
고향 언덕을 오른다.

나와 눈을 맞추려 별빛처럼 쏟아지는
은총의 언덕
골고다 그 언덕을 오른다.

파스칼은 그의 저서인 『팡세』에서 다음과 같이 말한다. "거룩한 하나님이 마음이 깨끗한 자에게만 자신을 나타내심은 옳은 일이다." 그러면 당신은 묻고 싶을 것이다. "성도들은 자신들이 죄인이라고 하면서 어떻게 마음이 깨끗하다고 할 수 있는가?" 거기에 대한 대답은 이렇다. 예수님도 산상수훈에서 '마음이 청결한 자는 복이 있나니 그들이 하나님을 볼 것이요'(마 5:8)라고 말씀하셨다.

그대는 마음이 청결해지고 싶지 않은가? 십자가에 흘린 예수 그리스도의 피에 죄를 씻고 하나님을 만나고 그분과 교제하고 싶지 않은가? '구원받은 죄인'이라고 고백하는 성도들의 간증을 읽어보라. 그들은 자신들의 죄악이 얼마나 큰 것인가를 그리스도의 십자가에서 깨닫고 얼마나 큰 충격을 받았는가를 알게 될 것이다. 성도들은 자신의 안에 거룩한 하나님의 영, 곧 그리스도의 영이신 성령께서 들어와 자신들이 '새사람'이 된 것을 알고 감격한다.

예수님은 지옥에 합당한 죄인에게 거룩한 마음을 주어 '거룩한 사람-곧 새사람'으로 만들기 위해 오신 분이시다. 죄인인 사람들은 성령의 조명(照明)이 없이는 자신의 뿌리 깊이 숨어 있는 죄성을 깨달을 수 없다. 물론 세상 사람들도 때로는 양심의 가책을 느끼며 자신의 잘못을 회개한다고 말한다.

그러나 성경은 그것을 회개라고 하지 않는다. 만약 그런 죄에 대한 회개로 죄가 사해질 것 같으면 예수님이 굳이 십자가에서 죽으실 이유가 없다. 성경에서 말씀하는 회개는 죄인이 온전히 하나님께로 돌이키는 회개요, 또한 자신의 죄성을 보고, 통회하는 겸손한 마음만이 하나님이 인정하시는 회개다. 그리고 이런 참된 회개를 한 성도의 심령은 하나님의 소생시키는 역사가 있다. 그는 점점 더 정결해지기를 사모하게 된다. 이런 사람이 하나님이 보실 때, 마음이 정결한 사람이요, 또한 심령이 가난한 사람인 것이다.

○ 그러므로 자기를 힘입어 하나님께 나아가는 자들을 온전히 구원하실 수 있으니 이는 그가 항상 살아계셔서 그들을 위하여 간구하심이라(히 7:25)

아름다운 이유

시가 꽃보다 아름다운 것은
시의 언어가 아름다운 생각을 머금은 이슬이기 때문이다.

그 언어가 꽃 지듯이
가슴에 떨어지면
호수같이 고요한 마음에
감동의 파문이 퍼져 가기에 아름다운 법이다.

선율이 아름다운 것도
강과 약의 질서와 조화로 서로에게 자리를 내어주며
떠나야 할 때와 머물러야 할 때를 알고
주저 없이 음(音)의 생명을
다른 음정에 양보하며, 더러는 화음을 이루는 것이
아름답다는 것을 아는 마음들이
서로에게 있기 때문이다.

여백과 농담(濃淡)으로 채워야 할 정도를 알고
서로에게 섞이며 자기 자리를 내어주며
다른 색(色)과 섞이는 것을 불평하지 않는
선(線)과 면(面)의 경계를 알고 자리를 지키는 것이 아름답다는 것을
아는 마음들이 있기에

예수, 황혼에 돌아보다

모든 그림도, 산수화도 아름다운 법이다.

아, 모든 아름다움은 천국의 그림자
사람의 마음에 와 닿는 하늘 사랑의 언어가
하늘 호수를 건너와 그대에게 잔잔히 파문을 지우기에
그대의 마음 물결도 아름다운 것이다.

그 완전한 아름다움에 조금 비켜서서
자신은 진정한 창조자가 아닌 것을 알고
그 완전한 아름다운 지혜와 사랑 앞에 무릎을 꿇을 줄 아는 사람
이 되는 것은
참으로 지혜롭고도 아름다운 일이다.

창조주의 발치에 오래오래
겸손히
머무는 것을 아는 것이

그분을 닮은 영혼을 가진 인간만이 할 수 있는
참으로 선하고 아름다운 일이다.

오, 사람이 참으로 아름다운 것은
십자가로 내려온 하나님의 아들이
그대가 매달려야 할 십자가에서 그분이 무죄한 피를 흘리는 이유
를 알고,
주체할 수 없는 감동으로 흐느끼며,

주저 없이 죄악 된 마음을 내려놓고

비 오듯 쏟아지는

그 무한한 사랑에 주저 없이 젖어드는 일이야말로

참으로 선하고도 아름다운 일이다.

복음 단상

진리와 거짓 중에 무엇이 먼저일까? 선과 악 중에서 무엇이 순서상 먼저일까? 거짓이 먼저 있고, 그리고 그 거짓에서 진리가 나온다는 것은 있을 수 없는 일이다. 선의 타락에서 악이 나오는 법이지, 악에서는 선이 나오지 않는 법이다. 아름다움도 마찬가지다. 아름다움이 추하고 더러운 것보다 순서상 먼저인 것이다. 그러므로 언제나 완전한 진리, 완전한 선, 완전한 아름다움이 항상 먼저인 것이다. 그런데 이 세상에는 진, 선, 미가 있지만, 완전한 진리, 완전한 선, 완전한 미로 존재하지 않는다. 모든 것이 완전하다면 구도자가 왜 존재하겠는가? 진리를 찾는 구도자가 있다는 것은 이 세상에서 진리나, 선, 아름다움이 있지만, 완전한 진리, 완전한 선, 완전한 아름다움은 아직 찾지 못했다는 뜻이 아니겠는가.

그런데 진화론자들은 이것을 거꾸로 말하고 있다. 아무것도 없는 데서 어떤 것이 나온다고 우긴다. 더구나 진화론자들의 주장도 어떤 완전한 것으로의 진화를 주장한다. 진화론자들조차 '보다 완전한 것'을 전제하지 않고는 진화를 주장할 수 없

예수, 황혼에 돌아보다

는 것이다. 거짓말조차도 '내 말은 참'이라는 것을 전제하지 않고는 거짓말을 주장할 수 없는 법처럼 말이다. 불교의 무명(無明)도, 명(明)을 전제하지 않고서는 존재할 수 없는 개념인 것처럼 말이다. 그러면 완전한 진리, 완전한 선, 완전한 아름다움은 어디 있을까…. 예수 그리스도는 그런 완전한 나라를 하나님의 나라라고 불렀다.

○ 성령과 신부가 말씀하시기를 오라 하시는도다 듣는 자도 오라 할 것이요 목마른 자도 올 것이요 원하는 자는 값없이 생명수를 받으라 하시더라(계 22:17)

경이(驚異)

(1)
나이가 들자
경이가 무엇인 줄 알았네.

내가 창을 여는 것이 아니라
아침마다 뜨는 해가
먼저 하늘 창을 열고 나를 깨운다는 것을

하늘과 땅의 순서를 바로잡는
이 단순한 깨달음
하늘이 주신 선물, 경이(驚異)로 받았네.

그 하늘로 떠나야 할 날이 가까워지자
남겨진 땅의 슬픔이 무엇인지도 알았네.
아쉬움을 남겨두고 가는 것이 슬픔이 아니라

기뻐하며 갈 곳 없는 사람들을
죄의 그늘에 남겨둔
그리스도의 십자가의 슬픔을 알게 하셨네.

예수, 황혼에 돌아보다

(2)

나는 이미 십자가에서 죽었기에
날마다 죽었기에
나에겐 죽음보다 경이로운 것도 없는데

날마다 죽으면서 열리는 그리스도의 새 하늘
새 아침에
날마다 경이롭게 눈을 뜨고
그분을 바라볼 수 있기에
그분이 나를 경이롭게 바라보기에

그리스도의 십자가 없는 사람들이
슬프다.

죽으면 흙먼지뿐이라고 풀풀 날리는
천박함으로 스스로를 속이며
자신에게조차 경이를 잃어버린 영혼들이
그리스도의 열린 하늘에서
슬프다.

(3)
집은 곧 무너지는데
그 안에 보석 같은 외로운 영혼들이 눈을 뜨고
그들이 바라보아야 할 경이로운 세상이
그들에게 없다는 것이
슬프다.

새 하늘도
새 그리움도
새로운 경이도 없는 그곳에서

십자가에서
기꺼이 죽지 못한
막막한 영혼들이
절망 속에서 눈 뜨는 것이 보이누나.

예수, 황혼에 돌아보다

복음 단상

　　사람마다 예수 그리스도를 믿고 구원을 받게 하거나 더 큰 은혜를 체험하는 계기가 되는 성경 말씀이 있다. 조나단 에드워드에게는 디모데전서 1장 17절 말씀이다. '영원하신 왕 곧 썩지 아니하고 보이지 아니하고 홀로 하나이신 하나님께 존귀와 영광이 영원무궁하도록 있을지어다. 아멘' 다음은 그의 간증이다. "내가 이때까지 하나님 안에 살면서 하나님의 은총 가운데 내재된 감미로운 기쁨을 처음으로 느낀 때는 디모데전서 1장 17절을 읽을 때였다."

　　"이 말씀을 읽을 때 하나님의 영광의 느낌이 내 영혼 속으로 들어와서 발산되는 것 같았다. 이것은 내가 전혀 체험해 본 적이 없는 아주 새로운 느낌이었다. 성경의 어느 말씀도 이 말씀처럼 내게 절실하게 다가오는 것은 없었다…. 이 체험 이후에 나의 하나님의 은총에 대한 느낌은 점점 증가했고 점점 더 생생해졌다. 하나님의 전능함, 지혜, 순전함, 사랑이 도처에서 느껴졌다. 태양, 달, 별에서도, 구름과 푸른 하늘에서도, 풀, 꽃, 나무에서도, 물에서도, 내 마음에 떠오르는 모든 자연에 대해서도 느껴졌다. 그래서 나는 때때로 달을 보며 끊임없이 앉아 있기도 했고, 낮에는 하늘과 구름을 보면서 시간을 보내기도 했다. 나는 이런 모든 것에서 하나님의 영광을 보았던 것이다. 그 이후부터 나는 하나님과 그리스도를 향한 사모의 영혼을 지니게 되었으며, 보다 성(聖)스러워지고자 하는 갈망으로 나의 가슴은 충만하여 터질 것만 같았다."

필자의 경우, 주님을 만나게 하신 말씀은 아래의 성경 말씀이다. 서문에서도 소개했듯이, 귀신도 사람에게 들어오려고 애를 쓴다. 어찌 하나님이 그러지 않겠는가. 독자여, 그분을 구하지 않으려는가?

ㅇ 너희가 악할지라도 좋은 것을 자식에게 줄 줄 알거든 하물며 너희 하늘 아버지께서 구하는 자에게 성령을 주시지 않겠느냐(눅 11:13)

예수, 황혼에 돌아보다

2부

낙동강에서

낙동강(洛東江)에서

해 질 무렵에는 하늘로 흐르는 강이 있다.
낙동강은 낮은 곳으로만 흐르다가
마침내 저 드넓은 강가 벌판에 이르러서는
기어이 하늘로 물길을 내고
하늘 강이 되어 흐른다.

해 질 무렵이면
하늘에 펼쳐지는 채색 구름 사이로
오케스트라의 장엄 교향곡 울려 퍼지는
하늘 물결로 함께 흔들리다가
갈대숲을 적시며
마침내 서녘 하늘로 붉게 물든 물길을 낸다.

낙동강은 기어이
하늘을 잊고 살았던 나를 깨우며 하늘로 흐른다.
나와 같이 낮은 곳으로 흐르자꾸나.
나와 같이 이 황혼 녘에라도 겸허히 저 하늘에 물들자꾸나.

강물은 해 질 녘마다 그리움 가득 담은
하늘 풍경 속으로 물길을 내며 돌아 흐르는데

이 풍경 이제사 한없는 은총으로 보이다니
눈뜬장님 따로 없는 날들
속절없이 저 강물에 떠내려 보내기만 했던
나의 어리석음이여

이제사 하늘 은총 깊은 곳을 흐르는
그리스도의 하늘에 붉게 물든 강물에
내 죄를 씻는다.

해 질 무렵
하늘에도 생명으로 흐르는 강이 있다는 것을 허락하신 은총
그저 눈물겨워

흰머리 날리는 상한 갈대가 되어
하늘 강에 발을 담그고
내 마음
십자가 노을 지는 저 하늘 강에 젖는다.

복음 단상

복음을 전하다 보면, 나이가 많은 황혼 녘에 있는 분 중에 예수를 늦게 믿어서 어떻게 주제넘게 은혜를 달라 하나… 그렇게 말하는 분들이 더러 있다. 하나님은 나이, 국적, 신분, 피부 색깔, 부자와 가난한 자, 성별… 등 불문에 부친다. 집 나간 자식이 그저 돌아오면 되듯이… 인생의 황혼에도 그저 돌아오면 된다. 예수님은 누가복음 15장의 탕자의 비유에서 그것을 말씀하셨다. 아버지의 유산 중에 자기 것을 달라고 하여, 허랑방탕하게 다 써 버리고 돌아온 탕자를 어떻게 대하시는가를 보라. '이에 일어나서 아버지께로 돌아가니라 아직도 거리가 먼데 아버지가 그를 보고 측은히 여겨 달려가 목을 안고 입을 맞추니… 아버지는 종들에게 이르되 제일 좋은 옷을 내어다가 입히고 손에 가락지를 끼우고 발에 신을 신기라 그리고 살진 송아지를 끌어다가 잡으라 우리가 먹고 즐기자 이 내 아들이 죽었다가 다시 살아났으며 내가 잃었다가 다시 얻었노라.' 독자여, 당신에게도 집 나간 자식이 있다면, 그저 부모인 당신에게로 돌아오면 기쁘지 않겠는가? 참 부모이신 하나님께로 돌아오는 것 그것이 회개다.

○ 그러므로 이제 그리스도 예수 안에 있는 자에게는 결코 정죄함이 없나니 이는 그리스도 예수 안에 있는 생명의 성령의 법이 죄와 사망의 법에서 너를 해방하였음이라(롬 8:1, 2)

산다화(山茶花)1

초겨울 바람에
옷깃을 세우고 집으로 돌아오는 길
산다화가 피어 있었네.
그때 문득 주님이 말씀하셨네.

─내가 네게 주는 선물이란다.

이 겨울
주님이 내게 한 아름 꽃다발로 안겨 주신 선물

산다화(山茶花)가
나를 보고 웃으며
내 품으로 가득 안겨 왔네.

온통 산다화 붉게
꽃핀 겨울 초입에

복음 단상

때로는 작고, 흔한 일들이 우리를 놀라게 한다. 겨울 초입 어느 날, 아파트 입구에 활짝 핀 산다화가 내 가슴으로 꽃다발처럼 밀려왔다. 늘 보던 평범한 꽃이 그날따라 나를 반기며 활짝 웃고 있었다. 마치 꽃이 나에게 화사한 기쁨으로 말을 건네는 것 같았다. 그때… 주님이 나에게 주신 선물이구나… 마음에 잔잔한 감동이 밀려왔다…. 그래서 잊지 않게 시로 남겼다.

O 온갖 좋은 은사와 온전한 선물이 다 위로부터 빛들의 아버지께로부터 내려오나니 그는 변함도 없으시고 회전하는 그림자도 없으시니라(약1:17)

예수, 황혼에 돌아보다

산다화(山茶花)2

한 해를 건너가는 겨울 초입에
주님은 꽃이 보고 싶으셨나 보다.

매화(梅花)와 동백(冬柏)은
더 늦은 계절을 위해
남겨두시고
겨울 초입에도 붉게 핀 꽃을 보고 싶으셨나 보다.

주님이 다시 오실 겨울 초입에
주님과 함께 차를 마실 누군가가 필요했나 보다.
산다화(山茶花)로 불리는 꽃을
저렇게 붉게 피워 놓으시고

다시 오실 겨울 초입에
누군가와 함께 다향(茶香) 은은한 대화를 나누고 싶으셨나 보다.

그 자리에
나도 함께 있었으면

주님이 산다화 붉게 피우신
겨울 초입에

복음 단상

겨울에도 꽃이 핀다. 겨울 초입에는 애기 동백이라고도 불리는 산다화(山茶花)가 피고, 그 꽃이 시들기 시작하면, 동백(冬柏) 꽃이 핀다. 그리고 조금 지나면 매화가 은은하면서도 화사한 향기를 자랑하여 피어나면, 이어 봄이 멀지 않다. 필자는 산다화라는 꽃의 이름이 좋았다. '산에 있는 차와 같은 꽃', '겨울에 차를 마시며 감상하는 꽃' 등등이 연상되었기 때문이다.

근래 지구의 기상 이상으로 마지막 때가 더욱 가까운 것 같다고 말들 한다. 하긴 봄, 여름, 가을, 겨울이 있다는 것 자체가 주님의 예언적인 계시(啓示)다. 크게 보면, 세상은 시작이 있고, 끝이 있다는 뜻이다. 겨울(종말)이 가까운 때에, 그대도 산다화와 동백 같은 꽃으로 피어났으면 좋겠다. 겨울과 같은 종말의 때에도 구원받을 사람들은 있는 법이다. 독자여, 이 추운 겨울에 그대가 주님의 사랑으로 피어난 산다화 같은 꽃이 되었으면 좋겠다.

○ 그 후에 내가 내 영을 만민에게 부어주리니 너희 자녀들이 장래 일을 말할 것이며 너희 늙은이는 꿈을 꾸며 너희 젊은이는 이상을 볼 것이며…. 누구든지 여호와의 이름을 부르는 자는 구원을 얻으리니…(욜 2:28–32)

○ 볼지어다 그가 구름을 타고 오시라라(계 1:7)

예수, 황혼에 돌아보다

하늘에 눕다

십자가에 못 박혀 누우면
칠성판(七星板)에 눕는 것이 아니라, 하늘에 눕는 것이다.
주님과의 완전한 일치를 위한
십자가에 못 박혀
주님과 함께 십자가에서 높이 들리면

땅에 속한 나도 하늘로 높이 들려
주님 안에서
주님과 함께 하늘에 오른다.

십자가의 하늘에서는 내 오른손의
모든 죄가 주님께로 넘어간다.
주님의 권능의 오른손은 내 손이 된다.

내 방황의 발길로 돌아다니며 지은 죄도
모두 주님께로 돌아가고
내 발길은 주님과 함께
용서의 하늘, 무죄의 하늘을 걷는다.

오, 십자가의 하늘에서는 주님 가슴에 깊게 찌른 상처도
날마다 사랑의 상처로 곱게 부활하고

이 땅 빈 무덤엔 흉측한 내 자아만이 죽어 있다네.

누가 하늘에서 내려온 십자가의 비밀을 알까
십자가에 못 박히는 것이 칠성판에 눕는 것이 아니라
주님과 함께 천성(天城)을 걸으며
하늘 성소(聖所), 세마포 고운 침상에 눕는
신부(新婦)가 되는 비밀을.

하늘 평강으로 넘치는
기쁨으로 날마다 하늘 선율에 날개를 달고
주님 사랑 안에서

날마다 삼층천 하늘로 벅차오르는 십자가의
이 깊은 황홀한 죽음의 비밀을
누가 알까.

예수, 황혼에 돌아보다

복음 단상

　사람들은 하나님을 믿으면, 자기 마음대로 놀지도 못하고, 하나님은 매사에 간섭하고 우리를 억압하는 분으로 생각한다. 나도 어릴 때 그런 생각을 한 적이 있다. 그러나 그것보다 큰 거짓도 드물 것이다. 그것은 하나님이 주시는 사랑의 참맛을 맛보지 않아서 몰라서 하는 말이다. 더구나 성도들 중에도 십자가에서 주님과 더 깊이 연합하면, 자아라는 존재가 사라질까 염려한다. 그러나 신앙이 깊어지고 주님과의 교제가 깊어질수록 '자아'라는 존재보다 더 혐오스럽고 끔찍한 존재가 없다는 것을 깨닫게 된다. 그리고 예수 그리스도, 성부 하나님, 성령님보다 진실하고, 선하고, 아름다운 존재가 없다는 것을 알게 된다. 물론 이런 말이 불신자에게 도움이 되지 않을 줄 안다. 그러나 초대 교회의 수많은 성도들이 그리스도를 부인하느니 기꺼이 죽음을 택했다는 것이… 놀랍고도 이상하지 않은가? 도대체 예수님이 누구길래, 그분의 이름을 부인하느니 죽음을 택할까… 그대도 궁금하지 않은가? 얼마나 탁월한 가치가 있는 분이길래 그랬을까… 궁금하지 않은가? 앞에서도 언급한 사도 바울이 수많은 자랑거리를 그리스도와 비교하며 배설물로 여겼을까… 궁금하지 않은가? 십자가의 그 비밀이 궁금하지 않은가?

○ 그러므로 사람이 부모를 떠나 그의 아내와 합하여 그 둘이 한 육체가 될지니 이 비밀이 크도다 나는 그리스도와 교회에 대하여 말하노라(엡 5:31, 32)

죄인들에게

(1)
모든 것이 죄인인 그대를 부르고 있다.
지는 오늘 하루가
내일이 그대에게 없을 수도 있다고

해거름 진 저녁
걸음걸음 총총히 돌아가는 사람들이
그대를 부르고 있다.

죄인인 그대도 돌아가야 할 하늘 집이 있다고

(2)
밤이 그대를 부르고 있다.
그대가 돌아갈
하늘 집

주저 없이
평안으로 누울 하늘 집이 있다고

예수, 황혼에 돌아보다

(3)
별이 그대를 부르고 있다.
깜깜할수록 더욱 밝게 빛나는 별처럼
그대의 무너진 절망 속에도
빛나는 하늘 집이 있다고

당신은 눈을 감아도
결코 그대를 향한 하늘 긍휼의 눈길, 거두지 않는
별보다 총총한

하늘 아버지 눈길이 있다고

(4)
밤이슬이 그대를 부르고 있다.
아직도 돌아오지 않은 그대 때문에
밤마다 젖은 눈물을

하염없이 떨구고 있는
하늘 아버지가 있다고

(5)
꿈이 그대를 부르고 있다.
눈을 감아도 보이는 세상이 있다고

이 세상 꿈에서 깨어나면
이 세상보다

더 황홀하게 열린
하늘 세상도 있다고

(6)
새벽이 그대를 부르고 있다.
지난밤 피곤을
밤의 해류에 씻어내고

새롭게 눈뜬
해보다 더 밝은 천국 빛 가득한
새 하늘이 열리는

영광의 빛 가득한
날마다 동터 있는 열린 하늘나라가 있다고

(7)

십자가가 죄인인 그대를 부르고 있다.

죄인인 그대를 대신하여

못 박힌

하나님의 아들이

그대가 흘려야 할 피를 대신 흘리며

용서(容恕)의 두 팔을 가득 벌리고

죄인인 너를 향해

내게로 돌아오라

오늘도 열린 하늘 품으로 그대를 부르고 있다.

독자여, 그대에게도 끝이 있다. 인간은 유한하다. 그러나 하나님은 무한한 분이시다. 그분은 대자연이나 그대의 일상에서도 영원한 그분을 알 수 있게끔 장치를 해 두셨다고 생각되지 않는가? 지는 해가, 귀가하는 사람들의 발걸음이, 그대를 기다리는 가족이, 밤과 별이, 동트는 새벽이, 그리고 무엇보다 그리스도의 십자가가 그대를 부르고 있다. 이 세상이 어찌 우연히 존재하겠는가? 사람의 인체를 조금만 겸손한 마음으로 바라보면, 그대는 그대 안에 심어놓은 오묘한 그분의 지혜와 손길을 느낄 수 있을 것이다. 그러나 그대의 마음을 보라. 공허하지 않은가? 파스칼은 말했다. "모든 마음에는 하나님 모양의 공백이 있다." 그대의 그 빈 마음을 이 세상 쓰레기가 아닌 영원한 사랑의 하나님으로 채우지 않겠는가?

O 여호와는 마음이 상한 자를 가까이하시고 중심으로 통회하는 자를 구원하시는도다(시 34:18)

O 천지는 없어지겠으나 내 말은 없어지지 아니하리라(눅 21:33)

예수, 황혼에 돌아보다

옛적부터 내 사랑아

옛적부터 내 사랑아
내 앞에서는 향기로운 척하지 않아도 된단다.
화장(化粧)하지 않은 파리한 모습 그대로
상처 난 그대로
마른 눈물 자국 그대로 내게로 오렴.

흙먼지가 묻었느냐
굳이 장미향(薔薇香)이라고 속일 필요가 없단다.
너보다 너를 잘 아는데
네 모습 그대로 무너져 오렴.

눈물이 말랐느냐
마른 논바닥같이 메말라 갈라진 심령 그대로
무너져 오렴
손에 피가 묻었느냐
절망하는 심령 그대로 내게로 오렴.

내가 너의 넘치는 샘
물 댄 동산이니
내가 네 죄로 인한 애통이니
내가 너의 회개의 우물이니

헝클어진 심령 그대로
가시덤불 그대로 내게로 무너져 오렴.

옛적부터 오랜 내 사랑아
너는 내 사랑에만 피어날 천상의 꽃이니
화창한 부활의 봄날에
너는 종달새같이 하늘 높이 부를
영원한 내 사랑 노래이니

옛적부터 마지막까지
빛이 바래지 않는 내 사랑아
너를 향한 다른 사랑이 이 세상에는 없으니

목마른 그대로
내게로 무너져 오면
옛적부터 영원한 사랑의 신비로 서로를 감싸 안는
삼위(三位)가 하나 되는,
그래서 비로소 너와 나,
그리고 우리가 하나 되어
하늘 꽃밭에서 춤추리라.

내 안에서 구별 없는
황홀한 사랑의 일치(一致)로
날마다 부활하는

너는 옛적부터
조금도 빛이 바래지 않는 내 사랑이니

예수, 황혼에 돌아보다

복음 단상

윌리엄 부스(1829-1912)는 구세군을 창시한 사람으로, 길을 잃은 수많은 사람을 하나님에게로 인도한 사람이다. 다음은 그가 하나님의 특별한 은혜로 천국을 체험한 뒤, 그 체험을 글로 남겼다.

"어떤 인간의 눈으로도 이와 같은 완벽함, 이와 같은 아름다움을 바라본 적이 없었다. 어떤 육의 귀로도 이와 같은 아름다운 음악을 들어본 적이 없었다. 어떤 인간의 심장으로도 이와 같은 희열을 체험해 본 적이 없었다. 하늘의 왕국에서 보고, 듣고 느낄 수 있는 것이 나의 특권이었다. 내 위에는 가장 아름다운 푸른 하늘이 있었다. 주위의 분위기는 너무나도 향기로워서 내 몸의 전 형체를 기쁨으로 진동시켰다. 내가 누워 있는 것을 발견했던 장미꽃밭 곁을 흘러내리는 강물은 기쁨으로 춤추고 있는 것 같았고 스스로 중얼거리는 듯이 보였으며 가장 맑고도 순수한 물이었다. 강변을 따라서 나는 가장 푸른 잎으로 덮인 나무들을 보았고, 또 그 나무들은 모든 땅의 단맛을 능가하는 가장 맛이 좋은 과실을 지니고 있었다. 그리고 나는 손을 들어 그것을 따서 맛을 보았다. 네 위와 주위 사방의 전체 공기는 극히 아름다운 꽃들로부터 나오는 가장 달콤한 향수로 잠겼을 뿐 아니라 가장 아름다운 형태들로 가득 찼다. 내 주위로 떠다니는 아름다운 존재들도 있었는데 직감적으로 이들이 천사들임을 느낄 수 있었다. 또한 천사장들, 스랍과 스랍천사들, 그룹과 그룹천사들이 세상으로부터 온, 완벽한 피로 씻겨진 성도들과 함께 있는 것을 느낄 수 있었다. 그들은 어떤 때는 멀리 있었고, 어떤 때는 다시 가깝게 오기도 했다. 어떤 때는 전체 하늘이 행복하고 경배하며 기뻐하는 흰 날개를 가진 존재들로 가득 찬 것같이 보였다. 그리고 무한한 그 나라는 오직 체험으로만 알게 되는 기쁜 희열로 가득 차 있었다."

천국의 완전함을 체험하고, 그것을 표현하려는 그의 마음이 읽히지 않는가! ··· 완전한 아름다움, 완전한 음악. 완전한 기쁨, 완전한 하늘, 완전한 향기, 완전한 강물, 완전한 나무들과 과일들, 완전한 꽃들, 그리고 완전한 피, 그리스도의 완전한 용서의 피로 자신의 죄를 씻은 성도들···. 이런 완전한 하나님의 나라가 있는 것이다. 예수님은 이 세상이 아닌, 완전한 나라인 천국으로 그대를 초대하고 있다. 하나님의 용서도 완전한 것이다.

○ 곧 내가 그들 안에 있고 아버지께서 내 안에 계시어 그들로 온전함을 이루어 하나가 되게 하려 함은 아버지께서 나를 보내신 것과 또 나를 사랑하심 같이 그들도 사랑하신 것을 세상으로 알게 하려 함이로소이다(요 17:23)

그분이 먼저 사랑했네

(1)
누가 나보다 나를 더 사랑할 수 있을까
나 외에는 아무도 없다고, 속삭이는 음성도 있지만

거짓 없는 참사랑은, 언제나 먼저 사랑하시네.
알파요 오메가이신 그분,
영원하시며
완전하신 그분이 영원 전부터 나를 사랑한다고
선지자들에게 먼저 말씀으로 깨우쳐 기록하게 하셨네.

거룩한 분을 마음에 두기 싫어하는 죄인들은
스스로 똑똑한 먼지라고, 스스로 우연히 존재한다고
고개를 들고 우쭐거리며 하나님을 이죽거리며 비웃지만

그분이 먼저 사랑하지 않으면
아무것도 존재할 수 없네.
모든 존재는 그분의 사랑 안에서 태어나는데

(2)
그러나 먼지가 아닌, 작은 영혼을 가진 사람들은 안다네.
세상은 창조주 하나님이 만드신 것
작은 마음, 겸손한 마음들은 안다네.

풀 한 포기에서, 작은 물방울 하나에서
하나님의 작은 통치가
경이로 튕겨 오르는 환희의 물보라
저 날아오르는 기쁨을.

아침마다 눈을 뜨면서 작은 사람들은 어둠을 뚫고 보네.
하나님이 먼저 우주의 눈을 여시고
가난한 마음들 앞에
잔칫상(床) 풍성하게 펼치신 것을.

(3)
참사랑은 언제나 내려오는 사랑,
참사랑도 하늘로부터 내려오는 것
부모가 먼저 사랑하지 않으면
아기가 존재할 수 없듯이

작은 사람들의 마음에 하나님의 사랑으로
가득 채우고자
하나님이 먼저 십자가로 이 땅에 찾아오셨다네.

158

(4)
죄의 냄새 진동하는 말구유 같은 사람들의 마음에
작은 아기,
어린 양으로 오시어
잠잠히 그 귀한 몸을 뉘었다네.

마른 광야같이 갈라진 사람들의 마음
목을 축일 샘조차 말라버린 메마른 땅에
그분이 생명샘으로
하늘 먼 길, 눈물로 적시며 가난한 죄인들을 먼저 찾아오셨다네.

(5)
그분이 가난한 나를 먼저 사랑했네.
하늘 영광의 보좌 면류관 대신
가시관을 쓰고 나의 죄에 찔려
지금까지도 피 흘리며 나보다 나를 더 사랑하며
나보다 더 나를 아파했네.

아, 그분이 먼저 나의 죄를 고통스러워했네.
내 안에 숨어 있는 뱀
작은 사람들 마음에 숨어 있는 뱀
독니에 물려 애통하는 마음이 가난한 사람들을 위해

하늘에서 오시어
내 십자가 지고
주저 없이 내 무덤 골짜기까지 내려가셨다네.

(6)
오, 그 사랑은 누구도 막을 수 없네.
하늘의 천사도 죽음도 지옥도
그 사랑 막을 수 없다네.

오늘도 그분은 작은 내 심령 안에서
날마다 부활의 심장으로 두근거리는
첫사랑처럼

나를 품에 안고
그렇게도 온통 나를 꽃 피우며
십자가에서 자신의 전부를 내어주며

지금도 나의 상처 전부를
나보다 더 아파하며
사랑의 향기로 나를 치유하신다네.

예수, 황혼에 돌아보다

복음 단상

　　인간의 자유를 극단적으로까지 주장하는 사상가들이 있다. 그들은 진리가 사람을 자유롭게 한다는 주님의 말씀에 반대한다. 자기가 주인이니, 자신이 결정할 것은 무엇이든 옳다는 것이 그들의 주장이다. 진리가 진리이신 하나님을 떠났을 뿐 아니라, 심지어 합리성과 객관성조차 잃어버리고, 어느덧 자신의 뜻이 진리가 되어 버렸다. 창세기에 나타난 하나님의 말씀을 거역하고, 자신이 선악을 결정하기로 작정한 것, 그것이 인간 타락의 시작이듯이, 오늘날 현대인의 극단적인 자유를 부추기는 세력은, 창세기에 나타난 '뱀'과 매우 닮았다. 그 '뱀'이 자라서 요한계시록에서는 '용(龍)'으로 나타난다. 죄악의 세력도 점점 자라고 있는 것이다.

　　인간의 무한한 자유를 부추기는 세력은 실상은 인간의 악을 부추기는 세력이다. '네 마음대로 해도 좋다.'-이게 무슨 망발인가? 최소한 인간은 양심과 법(도리)을 따라가야 하는 법이다. 그래서 성경은 그들을 '적(敵) 그리스도'라고 부른다. 사탄이라고도 부른다. 사탄은 대적자라는 뜻이다. 그는 완전한 진리요, 완전한 선이요, 완전한 아름다움이신 완전한 하나님을 반대하고 대적하는 '뱀'의 인격체다. 진리에 반대하는 자, 곧 사탄을 따르는 자들이 어떻게 그분의 영광으로 충만한 천국에 들어가겠는가?

○ 나 여호와가 말하노라 내 손이 이 모든 것을 지었으므로 그들이 생겼느니라 무릇 마음이 가난하고 심령에 통회하며 내 말을 듣고 떠는 자 그 사람은 내가 돌보려니와(사 66:2)

○ 우리가 아직 죄인 되었을 때에 그리스도께서 우리를 위하여 죽으심으로 하나님께서 우리에 대한 자기의 사랑을 확증하셨느니라 (롬 5:8)

예수, 황혼에 돌아보다

밤

밤이 깊었다.
주님과 함께 마음을 설레이며 눕는다.

나는 주님 안으로 가라앉고
하늘에는 삼층천(三層天)의 별이 뜬다.

주님과 함께 꾸는 꿈
주님의 꿈에는 내가
내 꿈에는
주님이 서로의 꿈을 함께 꾸며
신혼(新婚)의 밤이 깊어간다.

꿈이 깊어간다.
삼층천의 하늘이 더욱 깊어간다.

서로가 사랑의 상처(傷處)로 깊어간다.
서로가 사라질 때까지
본향의 장미 향기 가득한 주님의 품 안에서
날마다 신부(新婦)되어 잠이 든다.

이 밤
주님 안에도
내가 별이 되어 뜬다.

소크라테스는 "내 가르침을 따르라"고 했고, 석가모니도 제
자들에게 "내 명상을 따르라"고 했다. 공자도 제자들에게 "내
가르침을 따르라"고 했다. 그러나 예수님은 "'나'를 따르라"고
말씀하셨다. 그리고 "네가 '나'를 사랑하느냐?"고 물으셨다. 물
론 예수님도 자신의 가르침을 지키라는 말씀을 하시기도 했다.
세상의 사상이나 종교에서, 추종자는 창시자와의 개인적인 사
랑의 친밀한 관계를 형성하는 일 없이 창시자의 가르침만 따른
다. 물론 창시자가 살아 있을 때는, 제자들과 창시자는 서로 교
제한다. 그러나 창시자가 죽고 난 후에는, 창시자의 가르침만 따
른다. 그 창시자가 죽고 없기 때문이다.

하지만 예수님은 다르다. 예수님은 자신을 따르는 제자들에
게 '사랑'을 요구하셨다. '나의 계명을 지키는 자라야 나를 사랑
하는 자니 나를 사랑하는 자는 내 아버지께 사랑을 받을 것이요
나도 그를 사랑하여 그에게 나를 나타내리라.'(요 14:21) 그래서
하나님을 사랑하고 사랑받은 일이 지금도 성도들에게 일어나고
있다. 놀랍지 않은가? 다음은 하나님의 사랑을 받은 수많은 성
도들의 간증 중의 하나인 맥스웰 여사[5]의 간증이다. 당신도 이
런 놀라운 은혜를 베푸시는 분을 만나기를 사모하지 않겠는가?

"주일 아침 일찍 은밀히 기도하는 가운데 성부 하나님과 성자
께서 가까이 오셨다. 거룩한 임재는 내 영혼을 뚫고 들어와 내
마음을 온전히 사로잡았다. 신성이 나를 에워쌌고 나는 여호와

---

5) E. M. 바운즈, 최요한 역, 『순수영성』 (서울: 두란노, 2011) pp. 79-85에서 재인용.

안으로 들어갔다. 말로 표현할 수 없는 힘이었다. 영원한 세계에 들어간 듯했다. 나는 믿음으로 하늘의 예루살렘, 시온산에 이른 듯했고, 내 영혼은 그곳의 주민들을 만난 듯했다."

그리고 그녀는 노년에 이런 글을 남겼다.

"노년에 이를수록 여호와를 깊이 사귀게 되었다. 때로는 메마른 단어 몇 개로는 표현할 수 없는 신성에 들어가는 은총을 받기도 했다. 주님께서는 그리스도의 영광스러운 특권을 알게 하려고 임하셨고, 빛나는 믿음의 광채는 보이지 않는 것들과 미래를 보여주었다. 오, 얼마나 크고 그윽한 것인가? 이제껏 경험하지 못했던 다정함, 가까운 동행, 거룩한 삼위일체 하나님의 풍성한 기쁨, 특히 여호와를 더욱 많이 알아간다는 것. 나를 그분 앞의 티끌 안에 두시고 보호하실 때 나는 그분께 깊이 잠기고 하나가 된다. 나는 여태껏 내 존재의 없음을 그토록 절실히 느껴보지 못했다. 사람의 언어로는 이 모든 것을 표현할 길이 없다. 내 모든 힘이 하나님께 집중된다. 그분은 내 영혼에 존귀한 의식의 인을 치시어 거룩하신 그 분을 더욱 닮게 하시고, 내 힘으로 불가능한 오늘의 책임을 다하게 하신다. 이 모든 것이 하나님이 주신 것이 분명하다. 나는 낮아지고 영광을 받으실 분에게 영광을 돌린다. 단순한 믿음으로 사는 것은 매우 유익하다. 이는 참으로 깊은 평화와 오늘의 능력을 준다."

○ 그 후에 내가 내 영을 만민에게 부어 주리니 너희 자녀들이 장래 일을 말할 것이며 너희 늙은이는 꿈을 꾸며 너희 젊은이는 이상을 볼 것이며(요엘 2:28)

침묵하면 1

남의 음성을 들으려면
당신이 먼저 침묵해야 합니다.

하물며 하나님의 음성을 듣고자 하면서
마음이 분주하다면
어떻게 세미(細微)한 그분을 들을 수 있을까요?

풀잎과
나무들
바람과 고요한 햇살들에게도 귀 기울이면
서로를 듣는 세밀한 몸짓 사이로
오고 가는 대화를 들을 수 있답니다.

당신이 더 깊은 침묵 속으로 가라앉으면
모든 화음으로 터져 나오는
저 하늘과 이 땅의 장엄한 교향곡
온 천지에 울려 퍼지는 그분을 향한 경배와 찬양을
들을 수 있답니다.

그들의 오묘한 합창
오월의 봄날같이 온 천지에 가득한데

그대 마음이 분주하기에

온 세상에 가득한

당신을 향한 그분의 세미한 사랑 노래

들을 수 없답니다.

 복음 단상

　기독교 고전인 『무지의 구름』의 저자는 인간의 이성으로는 하나님을 알 수 없고, 그러나 하나님을 사랑함으로 하나님을 알 수 있다고 했다. 하나님의 영과 나의 영이 만나야 하나님의 영이 어떤 영인가를 체험하여 알 수 있다. 하나님은 영적, 인격적인 존재이시고 인간도 영이 있다. 하나님은 영적인 존재이시므로, 하나님도 자신을 '나'라고 하신다. 그런데 인간도 '나'다. 그래서 하나님의 '나'는 대문자 I로, 인간의 나는 소문자 i로 구별할 수 있겠다.

　사람은 비록 작고 연약하지만, 영적인 존재이므로, 이 세상의 우주도 인간의 마음을 채울 수 없다. 왜냐하면 이 세상은 인격(i)이 아닌 '그것(IT)'이기 때문이다. 그대가 아무리 부자라서 대궐 같은 집을 가지고 있다고 하더라도, 그 집이 텅 비어 있고, 그대와 교제할 인격적인 존재가 없다고 한다면, 그 집이 그대의 영혼(i)을 채울 수 있겠는가? 유명하다고 하더라도 진정으로 자신을 알아주는 사람이 없으면, 그 영혼은 공허한 것이다. 그래서 부자도, 유명인도 자살을 한다.

　더구나 죽음은 다른 인격적인 존재들로부터도 우리를 영원히 분리시킨다. 그러나 죽음의 길에도, 죽음 이후에도 그대와 동행

할 수 있는 분이 있다. 그분이 사망을 이기고 부활하신 예수 그리스도시다. 이 세상에 죽음을 이기고 부활한 분이 예수 그리스도 말고 어디 있는가? 아래 소개한 어거스틴의 말처럼, 우리 영혼의 심령에 그분을 영접하고, 침묵 속에서 그분과 교제하라. 그러면 당신은 그분의 놀라운 사랑을 받음으로 하나님이 얼마나 놀라운 분인가를 더욱 깊이 알 수 있을 것이다. 어거스틴도 한때는 탕자였다.

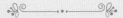

ㅇ 흔히 우리는 눈으로 아름다움을 지각한다고 생각하지만 하나님의 아름다움은 그분의 온전한 선에 있고 그 선은 그분의 전체 속성인 덕 내지 높은 진리로 이루어진다. 이 높은 진리들(사랑, 거룩함, 진실함 등)을 우리는 영혼의 심연에서만 볼 수 있다.(어거스틴)

예수, 황혼에 돌아보다

침묵하면 2

당신이 자아(自我)로 가득하기에
당신 소리 외에는 들리지 않는답니다.

당신이 온 천지에 가득한 영광의 하나님을
사랑하지 않기에 귀가 있어도
그분의 세미한 음성
듣지 못한답니다.

당신의 분주한 마음이 고요히
호수(湖水)같이 가라앉으면 그대의 얼굴이
물결 위로 떠오르듯
그분의 고요한 음성 그대 마음에 떠오른답니다.

그분의 십자가에 기대어
고요히 귀 기울이면
당신을 위해 피 흘리려 하늘에서

이토록 낮게
십자가로 내려온
당신을 향한 간절한 그분의 사랑 노래
들을 수 있답니다.

그러나 그대가 그 깊은 사랑에
경이(驚異)로 말을 잃을 때까지

당신은 마음이 있어도
온 천지에 피어난 당신을 향한
그분의 사랑 노래
제대로 들은 게 아니랍니다.

 복음 단상

당신이 하나님을 믿기를 반대하는 이유 중 하나는, 하나님이 당신의 마음에 들어오는 것이 싫기 때문이다. 나의 주인이요 왕은 '나(자아)'인데… 웬 다른 왕이 내 안에 들어와서 나의 왕 노릇을 하느냐는 것이다. 나의 종이면 몰라도 나의 왕은 싫은 것이다. 그런데 독자여, 그대의 주인이라고 하는 그 가혹하고 어리석은 '자아'라는 왕을, 성경은 '뱀'이라고 부른다.

그것을 어떻게 아느냐고 묻고 싶은가? 예수님은 가끔 '뱀'이라는 용어를 사용하셨다. '뱀들아 독사의 새끼들아 너희가 어떻게 지옥의 판결을 피하겠느냐.'(마 23:33) 예수님은 자신의 메시아 되심을 받아들이기를 거부하였던 당시에 종교 지도자였던 서기관과 바리새인을 그렇게 불렀다. 예수 그리스도의 메시아 되심을 반대하는 자는 '뱀'이라는 뜻이다.

'나는 그분을 반대하지는 않아', '나는 종교에는 아무 관심도 없어.'… 그렇게 생각하는 분도 있을 것이다. 그러나, 주님에게 중립지대는 없다. '나와 함께 아니하는 자는 나를 반대하는 자요 나와 함께 모으지 아니하는 자는 헤치는 자니라.'(눅 11:23) 물론 예수님은 당시에 하나님이 아니면, 보일 수 없는 수많은 기적을 그들에게 보이셨다. 그럼에도 그들은 예수님을 거부했다. 그래서 그들은 '뱀'인 것이다.

그대여, 성경을 읽어보라. 예수님의 말씀과 그분이 행하신 기적을 살펴보라. 그리고 그분의 '뱀'처럼 높이 달린 십자가가 죄인인 당신의 구원을 위한 것임을 믿어라. 그러면 당신은 하나님의 자녀가 되는 체험을 하고 경이 가운데 그 놀라운 사랑을 깨닫게 될 것이다.

○ 모세가 광야에서 뱀을 든 것같이 인자도 들려야 하리니 이는 그를 믿는 자마다 영생을 얻게 하려 하심이니라(요 3:14, 15)

○ 또한 그들이 마음에 하나님 두기를 싫어하매(롬 1:28)

어린양에게 묻다

순전하고 무흠(無欠)한 어린 양아
내가 너를 죽여도 되겠니?

너의 그 순한 눈을 피해 네 머리에 입 맞추고
내 추한 죄를 건네주어도 되겠니?
나의 죄로 날카롭게 벼린 칼로
네 목을 주저 없이 찔러도 되겠니?

미안하구나.
내 죄가 된 어린 양아
이미 고개를 떨구고 무죄한 피를 흘리며
그 고운 양털, 내 죄로 이미 붉게 물들어 있는데

갈보리 십자가
하나님의 아들, 예수 어린 양아
네 머리에 내 죄의 가시관
깊이 눌러 씌워도 되겠니?

예수, 황혼에 돌아보다

용서하오, 되뇌며
너의 손과 발에
내 죄로 날 세운 못을 박아도 되겠니?
나의 증오로 날 세운 창으로
네 심장, 네 심령 깊이 주저 없이 찔러도 되겠니?

하나님의 어린 양아
내게는 속죄할 다른 길이 없으니
나를 용서한다는
그 선한 눈에 차마 눈 맞추지 못하고

주저 없이
너를 십자가에 매달아도 되겠니?

 **복음 단상**

구약 성경에 보면, 하나님이 계신 성전에 나아갈 때, 반드시 먼저 죄의 문제를 해결해야 했다. 흠 없는 양의 머리에 죄인의 죄를 전가하는 안수를 하고, 그 양은 죄인을 대신하여 죽어야 했다. 그리고 그 양의 피를 제단이나 휘장에 뿌림으로 제사장은 성소에 들어갈 수 있었다. 이 어린 양이 예수 그리스도의 예표다. 예표란 미리 보여주는 어떤 표지라는 뜻이다.

하나님은 인간의 죄를 사하려고 무흠한 그의 독생자, 예수 그리스도를 이 땅에 보내셨다. 구약의 어린 양과 같은 수많은 희생제물은 예수 그리스도의 그림자다. 오늘날 같은 시대에 희생양이라니… 이상하게 들리는가? 그러나 이것이 죄인을 용서하시는 하나님의 방법이다. 죄는 반드시 대가를 치러야 한다는 뜻이다. 하나님은 당신이 지은 죄의 대가를 예수님이 대신 십자가에서 지불하게 하셨다. 그러므로 당신은 예수 그리스도가 흘린 십자가의 피에 죄를 씻고, 하나님의 용서를 받고 누리면 된다. 그래서 복된 소식이라고 복음(福音)이라고 한다. 그런데 이 복된 용서를 거부한다면… 당신은 당신을 지옥으로 던질 그 끔찍한 죄악을 어디서 씻을 것인가?

o 오호라 나는 곤고한 사람이로다 이 사망의 몸에서 누가 나를 건져 내랴(롬 7:24)
o 모세가 광야에서 뱀을 든 것같이 인자도 들려야 하리니 이는 그를 믿는 자마다 영생을 얻게 하려 하심이니라(요 3:14, 15)

174 예수, 황혼에 돌아보다

어린양, 십자가로 답하다

(1)
나의 작은 어린양아
아담과 하와가 뱀을 따랐을 때부터
아니, 그 전부터
하늘에서 나의 생명 가죽은 너를 위해 벗겨졌단다.

유월절 그날에도
나의 살과 가죽은 너를 위해 찢기고 베어졌는데

이미 하늘 아버지 마음에서
나는 너희를 위해 죽고 또 죽었단다.

광야의 성막과 성전에서 흘려졌던
그 많은 어린양, 죄 없는 짐승들과 함께
찢기며 죽었던 것도

마리아 한 시골 처녀의 자궁에
베들레헴의 거친 말 구유에
내 몸을 의탁한 것도

하늘 영광의 보좌를 떠나
십자가로 찢기고 찢겨진 채로
―아바 아버지, 어찌하여 나를 버리셨나이까?
부르짖었던 것도

너의 거친 심령을
나의 영광의 세마포 고운 피로 물들여
너를 왕의 거처,
나의 고운 신부로 삼기 위함이었단다.

(2)
내 작은 어린양아
네 상(傷)한 작은 마음을 내게 주지 않겠니?

네 마음의 보좌에
나를 왕으로 허락하지 않겠니?
내 십자가에 나와 함께 죽고
내 부활의 생명으로 나와 영원토록 함께 살지 않겠니?

날마다 나의 살과 피로 성찬을 나누며
내가 너를 위해 찢길 때마다
나의 십자가를 허락하시는

깊은 아버지의 그 침묵 속에서
내가 부르짖었던 그 한 마디
-엘리 엘리 라마 사박다니-

영원한 사랑으로 충만한 하늘의 살과 피를
너에게 먹이기 위해
내 하늘 아버지가 나의 간절한 외침을 외면했단다.

-나의 하나님, 나의 하나님 어찌하여 나를 버리셨나이까-
그 절망 속에 외치는
나의 간구를 거부하고
저 하늘 높이 십자가에 너 대신 나를 매달았단다.

오직 죄인인 너를
하늘 성결한 나의 신부로 삼기 위해

오직
그것 때문에.

복음 단상

앞의 시에서 당신을 예수 그리스도의 십자가로 초대하는 주님의 음성으로 듣기를 바란다. 예수님의 십자가는, 창세 전에 하나님의 계획 속에 있었으며, 구약 성경 곳곳에 예수 그리스도를 예표하는 어린양의 희생의 피를 곳곳에 뿌려 놓았다. 당신을 구원하고자 하는 하나님과 어린양 예수 그리스도의 간절한 사랑을 외면하지 말기를 바란다. 독자여, 이 세상에는 하나님의 놀라운 초대에 응하여 그 은혜를 맛보고 감격한 성도들이 얼마나 많은 줄 아는가.

○ 여호와 하나님이 아담과 그의 아내를 위하여 가죽옷을 지어 입히시니라(창 3:21)

○ 하나님이 세상을 이처럼 사랑하사 독생자를 주셨으니 이는 그를 믿는 자마다 멸망치 않고 영생을 얻게 하려 하심이라(요 3:16)

예수, 황혼에 돌아보다

하늘 비

또다시 비가 내린다.
세상에서 가장 슬픈 사람은
십자가 없이 홀로 죽는 사람이라고

하늘 슬픔으로 젖은
비가 내린다.

하늘 비가 내린다.
홀로 죽어가는 사람들을 위해
애통하는 늦은 비같이 우는 사람들은 어디 없는가
하늘 마음에 젖은 눈물의,
기도의 사람들은 어디 없는가 하고

비가 내린다.
죄로 서로가 낯선 사람들 사이로
하늘 슬픔을 안고
오늘도 비가 내린다.

하늘 슬픔에 젖지 않는
마른 땅
메마른 사람들을 위해 저토록

낮게
낮게
흐느끼며 또다시 하늘 비가 내린다.

마음이 가난한
누군가의 죄를 씻으려
누군가의 여윈 어깨를 감싸며
이 거리에

오늘도 하늘 슬픔으로
젖은 비가 내린다.

예수, 황혼에 돌아보다

복음 단상

　　나에게는 잊을 수 없는 성경 말씀이 몇 있다. 물론 모든 말씀이 다 귀한 것이지만, 그래도 특별하게 생각되는 말씀이 있다. 그중의 하나가 에스겔 3장의 말씀이다.

　　'인자야 내가 너를 이스라엘 족속의 파수꾼으로 세웠으니 너는 내 입의 말을 듣고 나를 대신하여 그들을 깨우치라 가령 내가 악인에게 말하기를 너는 꼭 죽으리라 할 때에 네가 깨우치지 아니하거나 말로 악인에게 일러서 그의 악한 길을 떠나 생명을 구원하게 하지 아니하면 그 악인은 그의 죄악 중에서 죽으려니와 내가 그의 피 값을 네 손에서 찾을 것이고 네가 악인을 깨우치되 그가 그의 악한 마음과 악한 행위에서 돌이키지 아니하면 그는 그의 죄악 중에서 죽으려니와 너는 네 생명을 보존하리라 또 의인이 그의 공의에서 돌이켜 악을 행할 때에는 이미 행한 그의 공의는 기억할 바 아니라 내가 그 앞에 거치는 것을 두면 그가 죽을지니 이는 네가 그를 깨우치지 않음이니라 그는 그의 죄 중에서 죽으려니와 그의 피 값은 내가 네 손에서 찾으리라 그러나 네가 그 의인을 깨우쳐 범죄하지 아니하게 함으로 그가 범죄하지 아니하면 정녕 살리니 이는 깨우침을 받음이며 너도 네 영혼을 보존하리라'(겔 3:17-21)

　　독자여, 하나님께서 선지자 에스겔에게 주신 이런 긴 말씀으로 나에게 전하신 것은 결코 아니다. 오해가 없길 바란다. 주님은 한 여인을 생각나게 하시며, 단순하게 말씀하셨다. '저 여자가 죽으면 네 책임이다.' 그리고 세월이 흘렀다. 주님이 말씀하신 그 여인을 두고 기도하고 있을 때, 주님은, '가서 전하라'고 하셨다. 그러나 나는 가지 않았다. 물론 평소에 전혀 복음을 전하지 않은 것은 아니지만, 그날 나는 핑계를 대며, 순종하지 않았다. 그리고 얼마 후 그녀는 교통사고로 죽었다. 그런 일이 있은 후 오래전에 있었던, 주님의 음성('저 여자가 죽으면 네 책임이다')이 생각이 났다. 나는 깜짝 놀랐다. 그리고 위에 언급한 에스겔의 말씀이 생각났다. 그런데 이게 끝이 아니었다. 복음을 전하라는 말씀에 순종하지 않은 적이 몇 번 더 있었다. 독자여, 그 다음에 무슨 일이 있었는지 알겠는가? 그래서 내 손에는 몇 사람의 피가 묻어 있다.

○ 내가 다시는 여호와를 선포하지 아니하며 그의 이름으로 말하지 아니하리라 하면 나의 마음이 불붙는 것 같아서 골수에 사무치니 답답하여 견딜 수 없나이다(렘 20:9)

예수, 황혼에 돌아보다

시인(詩人)

사랑하면 누구나 시인(詩人)이 되는데
그래서 누군가는 꽃의 시인이 되고
들꽃처럼 하늘거리는
바람의 시를 쓴다네.

나는 주님을 사랑하는데
왜 주님의 사랑에 곱게 물든 시인이 되지 않을까
왜 오늘도 한 편의 시(詩)를
흐르는 눈물에 새길까

어느 날 십자가에 기대어 묵상하다가
주님이 나를 사랑하여
나를 위해 시를 쓴다는 것을 알았네.

온 세상이 온통 그분의 시
처처에 그분의 사랑 고백인 것을
나를 사랑하여
나를 노래하기 위해 시인이 되신
온통 그분의 사랑으로 나를 물들이기 위해

붉은 꽃잎

붉게 물든 단풍
저 황홀한 노을, 사랑으로
붉게 채색(彩色)한 시를 쓰시네.

가시관 대신 화관(花冠)을 내게 씌우려고
날마다 내게로 내려오는
그분의 천국에서 내려오는 사계절
사랑으로 붉게 물든 하늘 사랑의 편지

내 십자가에서 나를 위해
붉은 피 흘리는
저 하늘에
시인이신 주님이 쓴 붉은 연가(戀歌)여!

온 하늘에 은하(銀河)의 수(繡)를 놓아
하늘 사랑의 보석 같은 시어(詩語)를
온 우주에다 저렇게 눈부시게 뿌려 놓고서도
기어이 십자가에서 피 흘리는 사랑으로
나의 죄를 대신하여
붉게 쓴
사랑의 시 한 편

오늘도 당신의 심령에
십자가의 굵은 못으로
'너를 사랑한다'는 시어(詩語)를 꾹꾹 눌러 새기고

오늘도 피 흘리는 상처로
나를 위해 사랑의 시를 쓰시는
천상의 시인이신 주님.

복음 단상

이 세상의 모든 아름다운 것들이 그대를 위한 하나님의 연애 편지로 읽을 수 있기를 바란다. 더러 이 세상의 아름다움을 보고 창조주 하나님으로 회심하는 사람들도 더러 있다. 신학자들은 대자연과 우주를 하나님의 일반 은총이라고 한다. 그런데 더욱 특별한 하나님의 은총이 있다. 성경이다. 독자여, 성경을 읽어라. 특히 예수 그리스도와 관련된 신약을 읽어라. 성경을 하나님이 당신에게 보내는 연애편지로 읽을 수 있기를 바란다. 언젠가 당신이 그리스도를 만나, 그리스도의 피로 쓴 하나님의 사랑이 담긴 편지를 감격스럽게 읽게 되기를 기도한다.

○ 내 누이, 내 신부야 네가 내 마음을 빼앗았구나 네 눈으로 한 번 보는 것과 네 목의 구슬 한 꿰미로 내 마음을 빼앗았구나(아 4:9)
○ 이 백성은 내가 나를 위하여 지었나니 나를 찬송하게 하려 함이니라(사 43:21)

강가에서

강물이여
너는 얼마나 멀리까지 흘러갔던가.
너는 얼마나 쉬지 않고
낮은 대지를 적시며 흘렀던가.

내 주님이 하늘에서 쉬임 없이 흘렸던
하늘 강
사람의 눈물보다 더 깊은 곳을 적시며 흐르는
하늘 강의 슬픔을 너는 아는가.

저 땅 끝까지 멀어져간 죄인들을 사랑하여
낮게만 흘러온 사랑의 강물
어디서부터 흘러왔는가를
너는 아는가.

강물이여
너는 말없이 대지를 적시지만
내 주님은 세상 끝의 죄인,
상한 갈대같이 흔들리는 나 같은 죄인을 적시며 흐르네.

죄인아
네 안을 흐르고 싶구나.

예수, 황혼에 돌아보다

네 죄를 수정같이 맑게 씻으며
너를 내 사랑으로 적시며
흐르고 싶구나.

나 같은 죄인의 깊은 곳을 적시며
오늘도 하늘 강이 흐른다.

가난한 심령을 향해 쉼 없이 흘러온
저 십자가의 피로 물든
저 하늘 강에
누가 죄를 씻으려나.

믿음은 정직한 마음과 깊은 관련이 있다. 하박국 선지자를 통해서 하나님은 말씀하신다. '보라 그의 마음은 교만하며 그 속에서 정직하지 못하나 의인은 그의 믿음으로 말미암아 살리라.'(합 2:4) 교만한 마음은 정직하지 못한 마음이라는 뜻이다. 그러나 하나님을 믿는 의인은 그 믿음으로 말미암아 산다고 하신다. 믿음의 반대는 불신앙이지만, 그 뿌리는 교만이요, 정직하지 못한 마음이다.

자신에게 정직하지 못한 것을 두고 자기기만이라고 한다. 잠언에도 이런 말씀이 있다. '악인의 제사는 여호와께서 미워하셔도 정직한 자의 기도는 그가 기뻐하시느니라.'(잠 15:8) 이사야 선지자를 통해서 하나님은 말씀하신다. '악을 선하다 하며 선을 악하다 하며 흑암으로 광명을 삼으며 광명으로 흑암을 삼으며 쓴 것으로 단 것을 삼으며 단 것으로 쓴 것을 삼는 자들은 화 있을진저'(사 5:20)

악을 선이라고 하며, 선을 악이라고 하는 사람은 정직하지 못한 사람이다. 요한계시록 21장에는 천국에 들어갈 수 없는 사람들이 나와 있다. 그중에 하나가 '거짓말하는 모든 자들'이다.

독자여, 자신의 마음을 정직하게 들여다보라. 그대의 마음은 정직한가? 당신의 마음은 아무 죄가 없는 성도들만 들어갈 수 있는 천국에 합당한가. 결코 그렇지 않을 것이다. 그러면 성도라고 불리는 사람들은 어떻게 구원받았는가? 그들은 자신의 죄인 됨을 정직하게 인정하고 그리스도의 용서의 십자가를 받아들였다. 그러므로 정직하게 죄인임을 인정하고 당신의 죄를 대신하여 못 박힌 그리스도의 피를 믿음으로 받아들이라. 당신 자신에게는 구원이 없다는 것을 정직하게 인정하고 빈손으로 가난한 마음으로 주님께 나아오라. 그분의 십자가의 피에 그대의 죄를 씻으라. 그리고 성령으로 거듭나서 하나님의 자녀가 되어 그대의 본향 집인 하늘 아버지 집에 들어가라.

○ 또 내게 말씀하시되 이루었도다 나는 알파요 오메가요 처음과 마지막이라 내가 생명수 샘물을 목마른 자에게 값없이 주리니(계 21:6)

선인장

처음엔 괜찮은 줄 알았습니다.
순결한 백합은 아니지만 장미꽃 정도는 되는 줄 알았습니다.
가시가 있지만 그래도 고운 미소에
은은한 향기는 있다고 생각했습니다.

그러다가 흔들리기는 해도
들국화 고운 자태는 남아 있다고 생각했습니다.
그러다가 떨기나무는 된다고 생각했습니다.
하나님의 잠잠한 사랑의 임재가 있었기 때문입니다.

그런데 차마 선인장일 줄은 몰랐습니다.
온몸에 거친 가시를 **빽빽**하게 달고
메마른 사막에 홀로 서 있는
선인장인 줄은 몰랐습니다.

은혜 아니면, 아무것도 아닌 줄을
광야 같은 메마른 심령,
눈뜬장님 같은 절망의 골짜기에서 알았습니다.

이제사 아래로 자란다는 어느 지혜자의 고백 앞에
고개를 숙입니다.

예수, 황혼에 돌아보다

이제사 그분이 주저 없이 가시 같은 죄인들에게
은총을 베푸시는 눈 부신 햇살 같은 분이신 것을
알았습니다.

그렇다면,
사막의 땡볕에 서서 선인장보다 온몸으로
은총을 받는
그런 거친 가시나무가 어디 있겠습니까.

복음 단상

혹 그대가 하나님의 은혜를 많이 받은 성도들이 쓴 고백의 글을 읽는다면, 그들의 신앙이 깊어질수록 자신의 죄 된 성품(죄성)에 대하여 더 깊이 탄식하는 것을 보게 될 것이다. 이것은 역설적으로 그대가 아무리 끔찍한 죄인일지라도 구원받을 가능성이 있다는 뜻이기도 하며, 동시에 하나님 앞에 선 모든 인간의 모습이 얼마나 끔찍한가를 보여준다.

예수님은 죄인을 구원하러 오신 분이시지, 스스로 의롭다고 자만하는 인간을 구원하러 오신 분이 아니다. 그러므로 당신이 구원받지 못하는 것은, 당신이 죄가 많아서가 아니라, 당신을 대신하여 십자가를 지신 예수 그리스도의 구원의 은혜를 거부하기 때문인 것이다. 교회사에 보기 드물게 성결한 삶을 살았던 위대한 영적인 거장인 아빌라의 데레사는 자신을 가리켜 "가장 약하며 가장 악한 자", "바로 내 자신이 악마의 바다"라고 했을 정도다.

미국 제1차 대각성 운동 때에 하나님께 크게 쓰임을 받은, 조나단 에드워드 목사는 다음과 같이 고백한다.

"만일 하나님께서 나에 대해 죄를 표시한다면, 나는 인간들 가운데 가장 커다란 죄인으로 나타날 것이다. 창세로부터 나와 같이 지옥의 낮은 자리에 처하게 될 사람은 없을 것이다. 나의 사악함은 내가 지금 처해 있는 것처럼 말로 할 수 없을 만큼 완벽하게 보여졌고, 마치 나의 머리 위에 홍수나 산들처럼 나의 모든 생각과 상상을 삼키고 말았다. 나는 나의 죄를 무한 위에 무한히 쌓이고, 무한에 무한을 곱하는 것 이상 달리 어떻게 표현해야 할지 모르겠다."

예수, 황혼에 돌아보다

조나단 에드워드가 엄청난 죄를 많이 지어서 이런 고백을 하고 있는 것이 아니다. 그처럼 성결하고 거룩한 삶을 살았던 사람도 드물다. 그러나 거룩하신 하나님 앞에서는 그도 타락한 죄성을 가진 인간임을 철저하게 깨달았던 것이다. 이것은 몇 가지 진실을 우리에게 가르쳐준다. 하나는 모든 인간은 하나님 앞에서 끔찍한 죄인이라는 것과 또 하나는 구원은 오직 그리스도의 십자가를 통해서만 온다는 것이다. 그러므로 성도는 그리스도의 십자가를 만난 사람인 것이다. 그리고 자신의 죄인 됨을 알고서도 여전히 사랑하시는 하나님을 만난 사람인 것이다. 다음은 사도 바울의 자기 고백이다. 그는 신앙이 깊어질수록 더 깊은 죄성을 하나님의 은혜 안에서 깨달았다.

○ 나는 사도 중에 가장 작은 자라(고전 15:9)

○ 모든 성도 중에 지극히 작은 자보다 더 작은 나에게(엡 3:8)

○ 미쁘다 모든 사람이 받을 만한 이 말이여 그리스도 예수께서 죄인을 구원하시려고 세상에 임하셨도다 하였도다 죄인 중에 내가 괴수니라(딤전 1:15)

비밀(祕密)

이 세상이 알지 못하는 사랑의 비밀이 하나 있네.
하늘이 땅으로 내려와
십자가로 꽃 피운
그 사랑, 장미꽃 같은 하늘의 비밀스런 만개(滿開)여.

주님과 함께 십자가에 매달렸을 때
그 비밀을 알았네.

죄인을 정결한 신부(新婦)로 맞이하기 위해
죄인과 거침없이 하나 되는
누구도 흔들 수 없는 십자가,
그 깊은 사랑의 비밀을.

내 죄가 날마다 그분의 것이 되는
십자가의 침실이여.
사랑으로 못 박혀 사랑의 상처(傷處)로
부활하는 천상(天上)의 꽃이여.

주님과 함께 십자가에서 날마다 죽는 자는 아네.
십자가에 깊이 못 박히는 것이
가장 단단한 사랑의 혼인(婚姻) 언약이라는 것을

예수, 황혼에 돌아보다

영원한 사랑의 일치를 위하여
서로를 묶는
영원한 언약의 반지라는 것을.

서로를 서로에게 건네주고
서로를 못 박아 흔들리지 않는
십자가의 그 사랑, 그 간절한 고통의 비밀이여.

가시 장미 한 송이에 찔리는 고통과
천국을 맞바꾸는 비밀의 침실에서
우리는 서로에게 날마다 새로워라
황홀한 신혼(新婚)이여.

십자가의 침실에서 날마다 죽어서
서로의 사랑을 꽃 피우는
주님과 나의 내밀(內密)한, 가시 장미꽃으로
만개(滿開)하는 신방(新房),

그 황홀한 비밀이여.

 **복음 단상**

하나님은 당신의 죄와 하나님의 독생자인 아들과의 생명을 교환하기를 원하신다. 그런데 그 장소가 하나님의 아들 예수 그리스도의 십자가이다. 사실 당신이 십자가에서 그리스도와 연합하지 않으면 그 십자가는 의미가 없다. 예수 그리스도의 십자가는 그 십자가를 믿고 받아들이는 사람에게만 효용이 있다. 그것은 마치 좋은 약과 같다. 먹는 사람에게만 약은 효과가 있는 것처럼. 당신이 그리스도의 십자가를 받아들이면-그 십자가에서 당신을 위하여 흘린 거룩한 피를 받아들이면, 당신의 추하고 끔찍한 죄는 예수 그리스도에게로 넘어가고, 그리스도의 생명(조에)은 당신에게로 넘어온다. 그대의 죄와 하나님의 완전한 사랑은 십자가에서 만난다. 그대여, 죄가 주는 일시적인 쾌락을 붙들고 있겠는가? 아니면 죄를 그분에게 건네주고 그분이 주시는 영원한 하늘 생명을 받아 마시며 누리겠는가. 그것을 교환하는 곳이 십자가이다. 그 거룩한 생명은 당신을 그분의 정결한 신부로 만들어줄 것이다.

○ 내 사랑 너는 어여쁘고도 어여쁘다(아 4:1)

○ 그러므로 사람이 부모를 떠나 그의 아내와 합하여 그 둘이 한 육체가 될지니 이 비밀이 크도다 나는 그리스도와 교회에 대하여 말하노라(엡 5:31, 32)

○ 예수께서 이르시되 내가 진실로 진실로 너희에게 이르노니 인자의 살을 먹지 아니하고 인자의 피를 마시지 아니하면 너희 속에 생명이 없느니라(요 6:53)

예수, 황혼에 돌아보다

귀향(歸鄕)

사랑하는 사람이 없는
도시는
걸을 거리가 없고
어디 눈길 줄 창문이 없누나.

그리운 주님이 천국에 없다면
천국 황금 길도 걸을 만하지 않고
내 마음 어디 쉴 곳이 있으랴.

밤이면 돌아올 사랑하는 사람들을 위해
창마다 불이 켜지는데

내 가난한 영혼
이토록 천하고 낮은
내 상(傷)한 마음,
어느 하늘에서 창을 열고
등불을 켜고 기다릴까

아,
상하고 깨어진 마음이면 어디든지 함께하시는
그리운 사랑의 주님 계신
그곳이
탕자인
나의 영원한 본향 집이리.

복음 단상

공산주의자들의 자기 저주(詛呪) 이론

하나님은 없다.
그래서 자본주의자들을 아무리 많이 죽여도 우리(공산주의자)를 심판할 자가 없다.

하나님은 없다.
그래서 우리(공산주의자)를 아무리 많이 죽여도 역시 심판할 자가 없다.

공산주의자와 같은 무신론자들은 돌아갈 본향 집이 없다. 그런 그들에게도 구원이 가능할까? 물론이다. 자신이 한계가 있는 인간, 구원이 필요한 인간이라는 것을 깨닫고 주님께 돌아오면 누구든 구원에 이를 수 있다. 예수 그리스도는 스스로 의롭다고 스스로 온전하다고 믿는 사람을 구원하러 오신 것이 아니다. 스스로 의로우며 온전하다고 주장하는 사람에게 무슨 구원이 필요하겠는가? 끝끝내 무신론자로 남겠다면, 그들 스스로 구원이 필요 없는 하나님으로 남겠다는 것에 다름 아니다.

○ 나는 의인을 부르러 온 것이 아니요 죄인을 부르러 왔노라(마 9:13)
○ 보라 그의 마음은 교만하며 그 속에서 정직하지 못하나 의인은 그의 믿음으로 말미암아 살리라(합 2:4)
○ 내가 높고 거룩한 곳에 있으며 또한 통회하고 마음이 겸손한 자 함께 있나니 이는 겸손한 자의 영을 소생시키며 통회하는 자의 마음을 소생시키려 함이라(사 57:5)

귀갓(歸家)길

사람들도
저녁이면 돌아올 가족을 위해
등불을 밝힌다.

그리운 내 본향
하늘 아버지 집에서도
등불을 밝히고
내가 돌아올 날을 기다리시겠네.

해와 달,
하늘의 저 많은 별들이
내 본향 집에서 총총히 불 밝힌 것인 줄을

내 본향 돌아갈 날 가까운
해 질 무렵에서야
나는 알았네.

내 가난한 마음까지 내려와
십자가 생명으로 나를 먹이시던 주님께서
저토록 밤하늘 가득
초롱초롱 불 밝혀 놓은 내 본향
열린 하늘 창

마음을 열고 기도할 때마다
사랑의 불을 밝히고
삼층천 내 본향 집에서도
귀갓길 무사히 돌아오라고 기도하는

사랑하는
아버지 집 창 너머
내 가족들이 보이누나.

복음 단상

　　하나님은 이 세상을 통해서도 어느 정도 천국을 유추할 수 있게끔 하셨다. 가족을 통해서는 삼위 하나님을, 가족 간의 사랑의 유대를 통해서 삼위 하나님 사이의 사랑의 유대를 알게 하셨다. 그래서 하나님은 창세기에서부터 복수로 등장한다. '하나님이 이르시되 우리의 형상을 따라 우리의 모양대로 우리가 사람을 만들고…'(창 1:26) 예수님은 우리의 삶에서 많은 비유로 하나님의 나라에 대하여 말씀하셨다. 그중에 탕자의 귀환이 있다(눅 15장). 더구나 예수님은 창조주 하나님을 '아버지'라고 불렀다. '아바'라고 불렀다. '아바'는 아빠라는 뜻이다. 놀랍지 않은가? 하나님이 우리의 아버지시라니! 독자여, 이 놀라운 하나님의 가족에 당신도 포함될 수 있다. 탕자처럼 회개하고 아버지에게로 돌아가면 되는 것이다. 그리스도의 십자가의 피에 그대의 죄를 씻고… 그저 탕자처럼 돌아가면 되는 것이다.

　ㅇ 다시 밤이 없겠고 등불과 햇빛이 쓸데없으니 이제는 주 하나님이
　　그들에게 비치심이라 그들이 세세토록 왕 노릇 하리로다(계 22:5)

예수, 황혼에 돌아보다

일상의 신비(神祕)

아침마다 동트는 것보다 신비로운 것은
내가 눈 뜨는 것
그보다 더 신비로운 것은
나를 바라보며 미소 짓는 그대가 보이는 것

그보다 더 신비로운 것은
그대 눈에도 내가 보인다는 것

서로 주고받는 그 일이 너무 흔해서
이제 감사도 경이도 없는
너와 나에게
그래도 서로 사랑하라고
여전히 해는 뜨고
밤이 오는 것

이 무한의 은총이 오늘도
그저 주어진 것
신비로와라.

복음 단상

일상을 아무렇지도 않게 바라보지 말라. 조금만 주의를 기울이면 처처에서 경이와 기적을 보게 될 것이다. 『증인』이라는 글을 쓴 휘테커 챔버스라는 사람이 있다. 그는 IMF 창설의 미국 측 책임자 해리 덱스터 화이트와 유엔 창립의 미국 측 실무 책임자 앨저 히스가 소련의 간첩이라고 그 정체를 폭로한 사람이기도 하다. 그는 당시 주간지 「타임」의 외신부장이었다. 그는 1924년 대학을 중퇴하고 미국 공산당에 들어가 당(黨)의 문학잡지 편집자로 일하던 중 당의 지시를 받고 1934년부터 지하활동을 하다가, 1938년 4월에 미국 공산당을 탈퇴하고 「타임」지에 취직하였다. 그는 기자로서 뛰어난 자질을 발휘하여 외신부장이 되었는데, 반공적인 글을 많이 썼다. 그가 쓴 『증인』이라는 책의 서문에 이런 내용이 있다.

"무신론자요 열렬한 공산주의자였던 나는 어느 날, 의자 위에 앉아 어린 딸이 음식을 떨어뜨리고 있는 것을 지켜보고 있었습니다. 그는 딸의 작고 앙증맞게 생긴 귀를 보면서 경이로운 생각이 들었습니다. 놀라운 능력을 가진 설계자만이 그런 귀를 생각해 냈을 것이라는 생각이 들었습니다."

휘테커 챔버스는 어린 딸의 앙증맞은 귀를 보다가 경이로움을 느꼈고, 그는 딸의 귀를 창조한 '창조주 하나님'이 있다는 것을 깨닫고, 하나님을 믿게 되었다는 그의 고백이다. 하나님의 경이는 일상에 무한대로 널려 있다. 어떤 사람은 그것을 보는데, 어떤 사람은 그것을 보지 못한다. 그 이유는 무엇일까?

예수, 황혼에 돌아보다

- 범사에 감사하라 이것이 그리스도 예수 안에서 너희를 향하신 하나님의 뜻이니라(살전 5:18)
- 이 백성은 내가 나를 위하여 지었나니 나를 찬송하게 하려 함이니라(사 43:21)
- 내 양은 내 음성을 들으며 나는 그들을 알며 그들은 나를 따르느니라(요 10:27)

기도의 시(詩)

주여
언어(言語)에도 무릎이 있다면,
이 언어가 무릎을 꿇게 하소서.

오직 주님만을 바라는 목마름으로
주님의 온전한 사랑과 의에 갈(渴)한 간구로
하늘에 이르는 애통의 무릎 언어가 되게 하소서.

주여
언어에도 날개가 있다면,
이 언어에도 기도의 날개가 돋게 하시어
마침내 주님 깊은 상처 난 가슴에까지 날아오르게 하소서.

그리하여 이 언어가 주님의 긍휼에 흠뻑 젖어
주님이 날마다 보내시는 따스한 햇살과
고운 이슬과 함께
누군가의 외로운 가슴에 하늘 슬픔으로 젖게 하소서.

주여
언어에도 향기가 있다면
이 시어(詩語)가 주님께 흠향(歆饗)할 만한
기도의 향기가 되어 올라가게 하시고

예수, 황혼에 돌아보다

또한 누군가의 작은 가슴에 눈물방울로
떨구는 하늘의 슬픔으로
떨어지게 하소서.

주여
그리하여 이 시어가 누구에겐가
십자가의 못 박는 소리로 들리게 하시고
누군가에게는 새벽 종소리처럼 여울져
그가 잊었던 기도의 새벽을 깨우며
그의 가슴을 겸허하게 울리게 하소서.

이 가난한 언어가 마침내 간절한 기도가 되어
누군가의 가슴에서
하늘 슬픔으로 젖은 작은 이슬로 맺히게 하소서.

✝ 복음 단상

앞의 시에는 필자의 소망이 담겨 있다. 「신앙시」와 복음 단상을 통해서 누군가가 주님께로 돌아오길 바라는 마음으로 쓴 시다. 그래서 첫 신앙시집 『마음의 샘터에서』에 실었던 「비둘기」를 여기서 다시 소개한다. 주님께 임하셨던 비둘기 같으신 성령께서 그대에게도 날아가, 그대의 마음에서 그리스도께서 마련하신 안식처를 발견하기를. 그대 또한 그분 안에서 안식을 누릴 수 있기를.

그리스도, 죄가 없는 무죄의 그분이
나와 당신의 죄를 지고
저 하늘 무죄(無罪)의 다리를 건너와

오늘도 저 하늘나라의
기쁜 소식을 한 잎 물고
가난한 사람들의 마음으로 날아 들어오셨다는
희년(禧年)의 비둘기 소식을
들으셨나요?

제가 아침마다
당신을 향해 마음의 창을 여는 것은
내 안에
작은 비둘기로 들어오신 그분이

예수, 황혼에 돌아보다

당신께로 날아가
저 사랑의 하늘 소식을
알리고 싶어 하기 때문이랍니다.

제가 밤마다 눈을 감고
당신을 위해 기도하는 것은

그분이 먼저
내 안에서 당신을 위해
촛불을 밝히고 기도하기 때문이랍니다.

○ 오직 성령이 너희에게 임하시면 너희가 권능을 받고 예루살렘과
온 유대와 사마리아와 땅 끝까지 이르러 내 증인이 되리라 하시니
라(행 1:8)

○ 쉬지 말고 기도하라 … 이것이 그리스도 안에서 너희를 향하신 하
나님의 뜻이니라(살전 5:17, 18)

꽃길

주님은 내 곁을 걷는 것이 아니라
이제는 내 안에 꽃길을 내시며
나를 걸으신다.

나도 절뚝이며
주님의 꽃향기에 취해 주님 안을 걷는다.

아, 서로를 걷는 이 마음의 긴 동행 길에는
서로 숨길 게 없네.
내 모든 죄악 다 드러나도
부끄럽지 않네.

내 모든 죄악을 알고
내 안을 걸으시는 주님이시기에
내 죄의 가시에 날마다 상처로 걸으시면서도

그 상처를 영광이라 하시는
주님의 눈물겨운 그 사랑 안에서
나는 날마다 무너지네.

그 무너진 곳마다
주님과 함께 걷는 꽃길이
새롭게 열리네.

예수, 황혼에 돌아보다

복음 단상

주님과 동행하면, 나의 자유가 제한받고, 불편할 것이라는 사람들이 있다. 내가 바로 그런 생각을 했던 사람이다. 만약 그렇다면 왜 성도들은 그토록 예수를 전하려고 할까? 오지(奧地)를 마다하지 않고, 죽음도 무릅쓰고, 오직 예수 그리스도 그분을 전하려고 그런 위험을 감수했을까? 그 길은 분명 꽃길이 아니었다. 그런데도 그들은 그 길을 걸었다. 사도 바울이 대표적인 사람이다. 그는 이렇게 말한다.

'나는 우리가 약한 것 같이 욕되게 말하노라 그러나 누가 무슨 일에 담대하면 어리석은 말이나마 나도 담대하리라 그들이 히브리인이냐 나도 그러하며 그들이 이스라엘인이냐 나도 그러하며 그들이 아브라함의 후손이냐 나도 그러하며 그들이 그리스도의 일꾼이냐 정신없는 말을 하거니와 나는 더욱 그러하도다 내가 수고를 넘치도록 하고 옥에 갇히기도 더 많이 매도 수없이 맞고 여러 번 죽을 뻔하였으니 유대인들에게 사십에서 하나 감한 매를 다섯 번 맞았으며 세 번 태장으로 맞고 한 번 돌로 맞고 세 번 파선하고 일 주야를 깊은 바다에서 지냈으며 여러 번 여행하면서 강의 위험과 강도의 위험과 동족의 위험과 이방인의 위험과 시내의 위험과 광야의 위험과 바다의 위험과 거짓 형제 중의 위험을 당하고 또 수고하며 애쓰고 여러 번 자지 못하고 주리며 목마르고 여러 번 굶고 춥고 헐벗었노라 이 외의 일은 고사하고 아직도 날마다 내 속에 눌리는 일이 있으니 곧 모든 교회를 위하여 염려하는 것이라 누가 약하면 내가 약하지 아니하며 누가 실족하게 되면 내가 애타지 아니하더냐 내가 부득불 자랑할진대 내가 약한 것을 자랑하리라 주 예수의 아버

지 영원히 찬송할 하나님이 내가 거짓말 아니하는 것을 아시느니라.'(고후 11:23-31)

그는 그리스도 때문에 엄청난 핍박을 받고, 수고를 했다. 심지어 그는 목이 잘려 순교했다. 그럴 가치가 있는 일이었을까? 그러나 그로 인해 구원받은 성도가 얼마나 많을 줄 아는가. 더구나 그는 천국의 꽃길이신 그리스도와 동행했기에 그 길을 기꺼이 걸을 수 있었다. 그리고 지금 그는 주 안에서 그 보상을 누리고 있다.

ㅇ 그가 빛 가운데 계신 것 같이 우리도 빛 가운데 행하면 우리가 서로 사귐이 있고 그 아들 예수의 피가 우리를 모든 죄에서 깨끗하게 하실 것이요(요일 1:7)

예수, 황혼에 돌아보다

그분이 꽃길이시기에

그분이 스스로 천국 꽃길이시기에
나에게 다른 꽃길이 없네.

십자가로 생명 주어
내 안에 하늘 가는 길을 내셨기에
주님도 내 안에서 꽃 피울 다른 꽃이 없네.

온종일 내 안에서
주님이 사랑으로 꽃피운
마음의 정원에

주님의 사랑으로 내 마음, 상처 난 곳마다
봄볕같이 따사로운
꽃향기(香氣),
내 상처를 감싸고 다시
오월의 봄날같이 곱게 피어나는데

날마다 내 안에 꽃길을 내시며
상처 난 발걸음 마다치 않으시고

향기롭다,
주님은 오늘도 나를 고요히 걸으시네.

봄비 마냥
사랑으로
나를 적시며 걸으시네.

✝ 복음 단상

그리스도를 만나지 못한 사람은 그리스도의 탁월함을 모른다.
그러나 그분을 만나면, 그분의 탁월한 성품과 인격 앞에 경이로
무릎을 꿇게 되고, 그분의 거룩하고 완전한 성품 앞에 드러나는
내 '자아'의 추악함을 보고 무너지지 않을 사람이 없다. 그럼에
도 그분이 성령(聖靈)으로 나를 사랑한다는 사실 앞에 또다시 놀
라게 된다. 이 놀라움은 계속된다. 그래서 사도 바울은 그리스도
와 비교하여 자기 과거의 자랑거리를 배설물로 보였던 것이다.
배설물이 무엇인가? 그대는 지금 바울이 배설물이라고 했던 이
세상에만 이끌리고 있는가? 그리스도의 십자가에 의지하여 하
나님과 그 나라로 돌아서지 않겠는가? 그러면 그분 자신이 천
국의 꽃길 자체인줄 알게 되리라.

○ 여호와는 나의 목자시니 내게 부족함이 없으리로다 그가 나를 푸른
풀밭에 누이시며 쉴만한 물가로 인도하시는도다(시 23:1, 2)

예수, 황혼에 돌아보다

북한강에서

(1)
북한강은 저토록 조용히 속으로만 흐르는 걸까.
그 옛날 산화(散花)한 주검들을 안고 있기에
속으로만 우는 걸까.

겉은 늘 고요하지만
속에서는 잠들지 않는
수많은 꿈들이 잠겨 있기에

그래서 강변을 떠나지 못하고
강물에 발을 담근 갈대처럼
아직도 잔물결로 서성이고 있는 것일까.

(2)
왜 우리는 죽음의 강을 건너가야 하는 걸까.
새벽 물안개처럼 떠올라
잠시 강가를 서성이다가
시린 발걸음으로 떠나야 하는 것일까.

하늘 강 건너편에 기다리는

그토록 그리운 사람이라고 있는 걸까.

그래서 북한강은 밤마다
누군가의 가슴에서는 먼 하늘 은하 너머로
꿈길 가듯
배를 저어 떠나가는 것일까.

(3)
기도하며
무릎으로 거닐던
낯익은 하늘가
그리스도의 하늘 강가에서 다시 만날까.

사람의 마음에도 하늘 강이 흘러야 한다고
낮은 곳
깨어진 틈이면
하늘 생명의 강물은 흐르누나.

북한강도 그 많은 눈물 머금고
오늘도 하늘 강을 따라
깊고 낮은 곳으로만 흐르누나.

예수, 황혼에 돌아보다

복음 단상

플라톤은 이 세상은 그림자요, 본질은 이데아의 세계로 보았다. 그의 철학적인 통찰은 기독교(성경)를 많이 닮았다. 성경도 이 세상이 아닌, 본질적인 하나님의 나라가 있다고 가르친다. 그런데 플라톤은 이 세상은 그 본질적인 이데아 세상의 모방이므로, 본질에서 벗어난 이 세상을 악한 것으로만 보았다. 그래서 모방을 또 모방하는 시인을 공화국에서 추방해야 한다고까지 주장했다. 그러나 성경은 하나님이 창조한 이 세상도 '보시기에 좋았더라.'(창 1)고 말씀하신다. 그러니까 성경은 하나님을 거역하는 타락한 이 세상 사상과 세상 문화가 문제이지, 이 세상(자연) 자체를 악하다고 하지는 않는다. 자연에도 하나님의 지혜와 능력이 스며 있다. 자연은 천국의 그림자와 같다. 천국에도 새 하늘과 새 땅이 있고, 새 예루살렘이라는 도성도 있고, 수정같이 맑은 생명시내도 흐른다.(계 21장, 22장) 북한강가에서 한 달 살기를 한 적이 있다. 전쟁이 끝난 지 오래지만, 북한강은 전쟁의 상흔을 안고 있었다. 사실 우리나라 어느 산하(山河)가 그렇지 않겠는가. 그런데 전쟁도 없고 하나님을 대적하는 악령도 없고, 저주도 없는 본질적인 거룩한 사랑의 나라가 있다고… 성경은 우리에게 가르쳐 주고 있다.

○ 또 내가 새 하늘과 새 땅을 보니 처음 하늘과 처음 땅이 없어졌고 바다도 다시 있지 않더라 또 내가 보매 거룩한 성 새 예루살렘이 하나님께로부터 하늘에서 내려오니 그 준비한 것이 신부가 남편을 위하여 단장한 것 같더라 … 하나님은 친히 그들과 함께 모든 눈물을 그 눈에서 닦아 주시니 다시는 사망이 없고 애통하는 것이나 곡하는 것이나 아픈 것이 다시 있지 아니하리니 처음 것들이 다 지나갔음이리라(계 21:1-4)

모든 문을 닫고

모든 문을 닫습니다.
오직 당신을 향한 작은 창만 열어두고
당신의 성소(聖所)에서 작은 등불을 밝힙니다.

그러면 주님은 햇살같이 제 안으로 스며들어와
빛과 사랑으로
먼저 나의 가난한 성소를 채웁니다.

나의 죄가 당신의 거룩한 사랑을 방해할까 봐
당신의 거룩한 피로 나를 덮고

나 외에는 다른 사랑이 없는 듯
나를 품으시고
나 외에는 꽃 피울 다른 꽃이 없는 듯
나를 꽃 피우시니

이 몸과 마음은
이슬 머금은 꽃잎처럼 오직 당신께로만 열립니다.

오 주님,
내 안에 당신의 꽃이 피고 지고

당신이 맺은 열매로
다시 피고 지어,
나를 당신의 향기로운 이름으로 불리는
작은 꽃이라 할 때까지

모든 문을 닫고
마음의 지성소에 주님 얼굴을 뵈올
작은 창문 하나 열어두고

오늘도 주님이 기름 부어주신
등불로 이 가난한
마음의 성소를 밝힙니다.

복음 단상

예수님은 기도할 때 골방에서 기도하라고 말씀하셨다. 여기까지 이 시와 글을 읽은 분이라면, 당신은 크리스천일 것이다. 그런데 크리스천이 아니면서 여기까지 이 글을 따라왔다면, 당신은 크리스천이 될 가능성이 매우 높은 사람일 것이라 확신한다. 오스왈드 챔버스의 기도 한 편을 소개한다. 조용히 마음으로나 작은 소리를 내어 따라 해 보길 권한다. 언젠가 당신이 크리스천이 되면 오스왈드 챔버스의 「주님은 나의 최고봉」이라는 글을 좋아하게 될 것이다.

"오, 주님. 주님을 바르게 찬양하고 예배할 수 있기를 원하여 주의 은혜를 구합니다. 주의 은혜를 얻기 위하여 주님께 나아갑니다. 주님, 당신의 얼굴의 빛을 제 얼굴 위에 비추사 능력을 주시며 장엄한 은혜를 부으소서. 오 주님, 주님 아는 것이 얼마나 좋은지요. 당신께 가까이 나아갈 때마다 주께서 제게 얼마나 많은 소생케 하는 생명력을 주시는지요. 당신이 저의 생명이 되실 때 어떻게 제가 흔들리겠습니까! 주님, 나의 하나님. 우리 주 예수 그리스도의 아버지 하나님! 예수님은 주님의 형상이시며 저는 주를 바라며 기도를 드립니다. 이 시간에 주님의 임재를 느끼오니 저를 축복하소서. 주님께서 제게 가까이 오셔서 제 마음을 뜨겁게 하소서. 저는 주님께만 의지하며 주님께만 소망을 둡니다. 예수님의 이름으로 기도드립니다. 아멘."

○ 나는 양의 문이라(요 10:7)

예수, 황혼에 돌아보다

나사로의 노래

노래는커녕 소리도 없이 죽어 있었답니다.
죽은 자가 어떻게 스스로를 일으키겠어요?
살아 있을 때도 병과 죽음을 이기지 못했는데
하물며 죽은 자가 죽음을 어찌 이기며
썩어 냄새가 나는 살갗을 아기처럼 새롭게 할 수 있을까요?

그분에게 물어보세요.
그분은 아실 거예요.
죽은 자에게 명령하여 일으키시는 분

죽음이 마귀의 소행이라면
마귀 손에서 생명을 빼앗을 수 있는 분
죽음이 하나님의 뜻이라면
그분의 뜻을 돌이키게 할 수 있는 분
그분에게 물어보세요.

죽은 자는 전적으로 무능하니
그분이 알아서 일으킬 거예요.
그러니 아무 노래도 꿈도 없이
조용히 죽어 있으면 된답니다.

내 영혼이 하늘 품 안에서 종달새처럼 높이
노래하고 있을지라도
그분이 부르시면
하나님도 '일어나 가라' 하시니

죽어도 살아도 저는 좋답니다.
삼위(三位)의 그분들이 나의 노래요,
내 가족 합창이니
저에게 무슨 다른 노래가 필요하겠습니까?

복음 단상

누가 죽음의 권세를 이길 수 있는가?

○ 나사로야 나오느라 부르시니 죽은 자가 수족을 베로 동인 채로 나
오는데(요11:43,44)

예수, 황혼에 돌아보다

그분

지나고 나면 보이는 것들이 있습니다.
기도하기 전에는 보이지 않던 것들
기도하면
비로소 보이는 세상도 있습니다.

기도하기 전에는 만나지 못했지만,
기도 속에서 만나는 분이 있습니다.
그냥 보면 참혹한 십자가이지만,
그 십자가야말로 죄인을 향한 사랑이요
하늘의 지혜인 것을 깨닫는 때가 있습니다.

죄인만을 십자가에서
사랑의 상처로 만나주시는 분이 있습니다.

죄인을 위해
하늘 영광의 보좌를 버리고
벌거벗은 수치, 채찍에 휘둘리는 아픔,
죄인의 모든 죄를 다 뒤집어쓰고서도
그것을 영광이라 하시는 분이 있습니다.

오직 죄인을 향한 목마름으로
오직 십자가 안에서만
오직 사랑의 상처로만 만날 수 있는 분이 있습니다.

그분이 나 같은
죄인의 하나님이요

내 죄와 허물을 사랑의 면사포로 대신하는
나의 신랑,
예수 그리스도 그분이랍니다.

예수, 황혼에 돌아보다

복음 단상

-누가 이렇게 말씀할 수 있는가?

"너희가 성경에서 영생을 얻는 줄 생각하고 성경을 연구하거
 니와 이 성경이 곧 내게 대하여 증언하는 것이니라"(요 5:39)

-누가 그분에 대하여 이렇게 외칠 수 있는가?

"죄의 삯은 사망이요 하나님의 은사는 그리스도 예수 안에 있
 는 영생이니라"(롬 6:23)

○ 우리는 다 양 같아서 그릇 행하여 각기 제 길로 갔거늘 여호와께서
  우리 모두의 죄악을 그에게 담당시키셨도다(사 53:6)

○ 예수께서 들으시고 그들에게 이르시되 건강한 자에게는 의사가 쓸
  데없고 병든 자에게라야 쓸 데 있느니라 나는 의인을 부르러 온 것
  이 아니요 죄인을 부르러 왔노라 하시니라(막 2:12)

사랑의 증거

나를 향한 하늘의 깊고 아름다운 사랑
이 세상의 온갖 고운 꽃으로도
다 보여 줄 수 없었다 하시네.

그래서 그토록 나를 사랑한 증거가
뭐냐고 물었네.

내 이름 하늘 마음에
보석같이 새겼다고

꽃은 시드나
아무리 긴 세월이 흘러도
변하지 않는 하늘 사랑이라고

그래서 변하지 않는 열두 보석으로
나를 가슴에 새겼다 하시네.

나 같은 죄인의 가슴에 핀
십자가 붉은 꽃잎은
가끔 바람에 흩날리기도 하는데

오, 주님은 나를 영원한 보석으로
주님 가슴에는 흔들리지 않는 십자가로 못 박았다 하시네.

예수, 황혼에 돌아보다

복음 단상

다음은 존 파이퍼라는 목사님의 글이다.

"정욕의 쾌락이라는 불은 하나님의 쾌락이라는 불로 꺼야 한다. 정욕의 불을 금령과 위협으로만 끄려고 하면 아무리 예수님의 무서운 경고까지 동원한다고 해도 실패할 수밖에 없다. 하나님이 주신 최고의 행복이라는 귀한 약속으로만 그것을 끌 수 있다. 정욕의 쾌락이라는 작은 불은 거룩한 만족이라는 큰 불로 꺼야 한다."

약물이나 성(性), 알코올, 도박, 혹은 일에 중독된 사람들이 주님께로 돌아온 간증을 읽어보라. 주님이 주시는 기쁨이, 이 세상의 쾌락을 훨씬 능가한다는 것을 발견하게 될 것이다. 성자라 불리는 어거스틴은 하나님을 만나고서 성적인 방탕에서 벗어날 수 있었다. 하나님이 주시는 기쁨은 성적인 쾌락보다 더 강한 것이다. 아니 질적으로 비교할 수 없는 고결한 기쁨이 있다. 그래서 하나님이 주시는 기쁨은, 어떤 중독에서도 벗어나게 하는 힘이 있다. 수많은 중독자들이 그 기쁨을 맛보고 하나님께로 돌아왔다. 하나님이 주시는 기쁨을 발견한 어거스틴은 '하나님의 놀라운 사랑'을 다음과 같이 말한다.

"… 그러나 내 영혼이 공간에 제약을 받지 않는 빛 가운데 흠뻑 젖어 있을 때 내 속사람은 빛 가운데 있는 형용할 수 없는 빛, 목소리, 향기, 음식, 포옹 같은 것들을 사랑한다. 이때 내 영혼은 잠잠해지지 않는 소리를 듣는다. 이때 내 영혼은 바람에 사라지지 않는 향기를 마신다. 이때 내 영혼은 먹어서 없어지지 않는 음식을 맛본다. 이때 내 영혼은 욕망의 성취로 단절되지 않는 포옹에 매달린다. 나는 하나님을 이렇게 사랑한다."

- ○ 또 여호와를 기뻐하라 그가 네 마음의 소원을 네게 이루어 주시리로다(시 37:4)

- ○ 나는 여호와로 말미암아 즐거워하며 나의 구원의 하나님으로 말미암아 기뻐하리로다(합 3:18)

- ○ 너희는 여호와의 선하심을 맛보아 알지어다 그에게 피하는 자는 복이 있도다(시 34:8)

- ○ 주께서 생명의 길을 내게 보이시리니 주의 앞에는 충만한 기쁨이 있고 주의 오른쪽에는 영원한 즐거움이 있나이다(시 16:11)

예수, 황혼에 돌아보다

백사장에 누워

아내와 함께 먼 바다를 바라보다가
백사장에 누우면 바다는 어느새 하늘이 된다.

원래 하나였거니
하늘과 땅과 바다가 하나였거니

이제 세상에 지친 내가 누우므로
나도 하나가 되었거니

그렇게 바닷가에 누워 하늘을 보다가
은총으로
동해(東海)의 끝자락, 이 바닷가에도 하늘이 열린다.

하나님과 삼위(三位)로 한 분이신
십자가로 내려온
그 사랑에 나도 함께 누우면

나도
그분과 하나가 된다.
나도 아내도 모두 십자가 안에서는
하늘 사랑으로 하나가 된다.
원래 하나였거니

내가 원래 그분의 사랑이었거니

나는 오늘도
푸른 바닷가에 늙은 아내와 함께 누우며

열린 하늘
그 푸른 바닷가에서는
늘 주님과 하나가 된다.

복음 단상

그리스도를 만나면, 세상적인 손해를 볼 것이라고 생각하는 사람들이 있다. 필자도 그런 생각을 한 적이 있다. 그러나, 사실상 그대가 잃는 것은 죄와 저주와 사망과 지옥이다. 물론 당신이 죽어서는 천국을 얻을 것이다. 이 땅에서도 그대는 그리스도를 얻게 될 것이고, 그분을 사랑하는 새로운 형제자매를 얻게 될 것이다. 초대 교회의 성도들을 두고 이방인들은 이렇게 말했다고 한다. "보라. 저들을 서로를 얼마나 사랑하는가."

○ 우리는 그 몸의 지체임이라(엡 6:30)

○ 그리스도를 얻는 사람은 아무것도 잃지 않는다.(사무엘 러더포드)

예수, 황혼에 돌아보다

사랑

사랑이 하나님께 속한 것이어서
얼마나 다행인지

사랑이 전적으로 짐승들의 것이면
사랑은 서로 물고 뜯는 것이며
가끔 배부를 때만 남기는
수치스런 음식 같았으리라.

사랑이 식물에 속한 것이면
꽃이라도 피웠을 터인데
사람들 사이에 꽃을 주고받으나
때로는 칼도 주고받으니
온전한 사랑이 하나님께 속한 게 얼마나 다행인지.

사람들이 눈길과 마음으로 주고받는 것이
사랑의 전부가 아니라서
얼마나 다행인지.

하늘에서 내려와 십자가로 서 있는 것이
사랑인 것이 얼마나 감사한지.
내 죄가 찌르는 그 고통

잠잠히 견디는 저 십자가가 사랑인 것이 얼마나 감사한지.

날마다 내 손으로 못 박는 그분이
긍휼의 눈길, 경이로운 긍휼로
나를 견디고 있으니

오월에 화사하게 피어난 들꽃처럼
내게로 덤불 채 무너져 오는
온전한 사랑이

십자가에 속한 것이
아,
얼마나 놀랍고도 감사한지.

예수, 황혼에 돌아보다

　사람이 자기 내면을 정직하게 바라보기란 쉽지 않다. 자기 내면의 악을 아는 것은 더욱 쉽지 않다. 그래서 정직하게 자신의 죄성을 노래한 윌리엄 블레이크의 시 한 편을 소개한다. 제목은 「독(毒)나무」이다.

나는 친구에게 화가 났지
내 분노를 말했더니, 분노가 사라졌지
나는 적에게 화가 났지
그것을 말하지 않았더니, 분노가 자라기 시작했지

두려움 속에서 그것에 물을 주었지
밤이나 낮이나 눈물로
그리고 미소로 햇빛을 비춰 주었지
부드러운 위선과 가식으로

그것은 밤낮으로 자라나
빛나는 사과 하나를 맺었지
나의 적이 그 탐스러운 열매를 보고
그것이 내 것인 줄 알았지

밤이 하늘을 가렸을 때
그는 내 정원으로 숨어들었지

아침에 기뻤지

내 적이 나무 아래 쓰러져 있는 것을 보고

○ 하나님의 광선이 내면을 비추면 그제야 우리는 자신이 아무것도 아님을 보게 된다. 타락한 피조물의 악한 심연(深淵)이 보이는 것이다."(프랑수아 페넬롱)

○ 그리스도의 사랑이 우리를 강권하시는도다(고후 5:14)

예수, 황혼에 돌아보다

감사

감사는 작은 꽃이다.
한줄기 빗물조차 가난한 마음으로 받아
상처 난 마음의 갈라진 틈에서 피어나는
작은 들꽃이다.

지난 모든 상처조차
은혜라는 것을 알고
사랑의 상처 외에는 화답할 것도 없다는 것을 아는
심령이 가난한 시인의 슬픈 노래다.

저 심령 깊은 어두운 밑바닥
숨어 있던 추악한 죄악들이 다 드러날 때,
죄인조차 소스라치는 그 깊은 절망,
그 깊은 죄악 가운데서도
추하다고 떠나지 않으시고 사랑으로 품으시는 그분에게
죄인이 가장 낮은 음계로 올려드리는
경이(驚異)의 탄식이다.

도무지 받을 자격 없는 자가
용서받은 것을 받아들인 겸허한 무릎이며
빈손으로 올려드리는 가난한 기도다.

감사는 십자가로 내려온 사랑 앞에
몸 둘 바 없는 죄인이 하염없이 떨구는 눈물,
지옥에서 건짐 받는 자의
귀향(歸鄉)의 하늘 몸짓이며
날개 달린 평화다.

그러나 언제나 주님이 함께하시기에
주님과 함께 천상으로
무죄의 비둘기처럼 날아오르는
환희에 찬, 감동의 눈물에 젖어 있는 찬가(讚歌)다.

예수, 황혼에 돌아보다

헤겔의 변증법을 헤겔 자신에게 적용하면 다음과 같을 것이다.

헤겔의 살아 있음 (정:正)

헤겔의 죽음 (반:反)

헤겔의 부활? (합:合)

적용이 좀 이상한가? 예수님처럼 부활하지도 못한 헤겔이 수천 번을 다시 태어나도 예수 그리스도가 될 수 없다는 것을 말하고 싶었다. 공산주의를 수천 번 반복하더라도 천국을 만들 수 없다. 죽음의 문제, 죄의 문제, 영원에 관한 문제에 대한 하나님의 답은 예수 그리스도다. 우리의 죄를 십자가에서 도말하시고, 부활하신 예수 그리스도뿐이다. 그리고 그분의 영이자, 하나님의 영이신 성령께서 성도들 안에서, 그리고 성도들과 함께하고 있다. 성령 하나님은 성도들을 마침내 천국으로 인도하실 것이다. 그대여, 예수님의 삶을 그분의 말씀에 적용해 보라. 그분의 말씀과 삶은 완전하게 일치한다. 이 세상에서 삶과 말씀이 일치한 분은 예수님뿐이다. 그중의 하나가 부활일 뿐이다.

○ 난 곧 나는 나를 위하여 네 허물을 도말하는 자니 네 죄를 기억하지 아니하리라(사 43:25)

오월의 창(窓)

창을 열자
오월(五月)이 방 안 가득 밀려왔다.

어느새 푸르른 산과 들도 거실까지 들어와
녹음이 우거지고
하늘의 물 댄 동산 같은

내 안 가득 여기저기
봄꽃이 피어났다.

오월에 화창하게 꽃 피운 마음
주님께 한 다발 곱게 엮어 올려드리려는데

주님이 먼저
하늘 창문을 열고
천국의 오월의 신부(新婦)로
나의 전부를 먼저 꽃다발로 받으셨다 하시네.

오월의 하늘 창문을 열고
주체할 수 없는
하늘 사랑으로 나를 받아들여

나의 전부를 꽃다발로 가득 받으셨다 하시네.

천국 향기 가득한 하늘 창(窓) 열린
이 푸른 오월에.

복음 단상

　순서의 문제는 매우 중요하다. 그래서 또 다시 반복한다. 성경에는 단어의 순서조차 영감되어 있다. 그러면 참(진실)과 거짓 중에 어느 것이 먼저일까? 선과 악 중에 어느 것이 먼저 있었을까? 당연히 참과 선이 먼저다. 참이 먼저 있고, 그리고 그 참을 왜곡하는 것이 거짓이다. 완전한 선에 미치지 못하는 것들이 악이다.

　반대로 생각해 보자. 거짓이 먼저 있고 그 거짓을 기반으로 해서 참(진실, 사실)이 나온다는 것은 상식적으로 말이 되지 않는 것을 알 수 있다. 마찬가지로 악에서 선이 나온다는 것도 순서상 말이 되지 않는다. 간단한 것 같지만 이렇게 순서는 많은 것을 우리에게 알려준다. 그러므로 행복이 불행보다 먼저다. 아름다움이 추함보다 먼저다. 삶이 죽음보다 먼저다. 그러므로 선이 없으면 악도 존재할 수 없고, 참이 없으면 거짓도 존재하지 못한다. 그러므로 선과 진리, 아름다움과 행복이 악과 거짓, 추함과 불행 등보다 먼저 존재한다. 이것은 완전한 천국이 먼저 존재함을 알려준다.

　그런데 인간 세상은 참과 거짓, 선과 악이 뒤섞여 있다. 이것은 인간이 타락한 상태라는 것을 알려준다. 이 간단한 순서의 문제를 보아도 우리 인간은 선과 진리만으로 충만한 온전한 세상에서 벗어나 있는 것을 알 수 있다. 사랑도 마찬가지다. 온전한 사랑이 언제나 먼저다. 그리고 미움이나 증오가 뒤따라오는 법이다.

인간이 죄인이라는 말은, 죄인 이전의 완전한 상태가 있었다는 것을 알려준다. 하나님은 당신의 독생자를 통해서 죄인인 인간을 다시 무죄한 완전한 상태로 되돌리려고 하신다. 그래서 하나님은 완전한 사랑이신 예수 그리스도를 통해 죄인인 사람들을 찾아오셨다. 그래서 십자가를 만난 사람들은 한결같이 외친다. '내가 죄인 중에 괴수로다.' 그가 죄인임을 깨달았다는 것은 완전한 분을 만났기 때문인 것이다.

그대여, 그대도 이 세상보다 먼저 있는 완전한 나라-천국으로 돌아가고 싶지 않은가? 그런데 죄를 온전하게 용서하는 그 십자가를 받아들이면, 그 완전한 사랑의 나라가 그대에게 임할 것이다. 그리고 그대 자신이 지옥에 적합한 상태였다가, 이제 성령으로 거듭나서 하나님의 자녀가 되어, 천국에 합당한 인격으로 빚어지고 있다는 사실을 깨닫고 참으로 감격하게 될 것이다.

○ 우리가 아직 죄인 되었을 때에 그리스도께서 우리를 위하여 죽으심으로 하나님께서 우리에 대한 자기의 사랑을 확증하셨느니라 (롬 5:8)
○ 그러나 우리의 시민권은 하늘에 있는지라 거기로부터 구원하는 자 곧 주 예수 그리스도를 기다리노니(빌 3:20)

예수, 황혼에 돌아보다

향기(香氣)

아내가 돌보는 춘란(春蘭)이 꽃을 피웠다.
한 송이 꽃도 아는
죽어야 싹이 트고 꽃이 피는 그 비밀은
참 쉽기만 한데

청초하고 은은한 난(蘭) 향기 좋아해도
내가 십자가에 짓이겨져 붉은 피 흘리는
나의 상처는
왜 그리 아프기만 한지.

죄인아
날마다 죽지 않는 죄인아.

오늘도 주님은 잠잠히 붉은 피 흘리며
하늘 아픔으로
내 안에 하늘 사랑으로 은은한 꽃을 피우시는데

내 마음의 옥합(玉盒)은 언제 온전히 깨어져
그리스도의 하늘 난(蘭) 향기
온 집 안에 은은할까

죄인아,
저기 저 춘란은 청초한 꽃을 피워
맑은 꽃향기 온 집 안에
그윽하기만 한데

복음 단상

예수님은 한 알의 밀알 비유를 통해서도 진리를 드러내셨다. 한 알의 밀알이 땅에 떨어져 죽어, 그 밀알로부터 싹이 나서 마침내 수많은 열매를 맺는다. 예수님은 십자가에서 죽으심으로 수많은 영혼을 얻었다. 생각해 보라. 하나님의 아들이라고 주장하던 한 젊은이가 십자가에 죽었다. 그리고 수많은 사람들이 그를 통해 치유 받고 회복되고 그를 따른다. 또한 그분(예수님)처럼 자아를 십자가에 못 박아 죽이며 많은 열매를 맺는다. 그 성도들은 예수님을 '메시아'(구세주)라고, '하나님의 아들', '주님'이라고 부른다. 그를 통해, 이 세상의 연대가 B.C(Before Christ)와 A.D(Anno Domini)로 나누어졌다. 한 사람을 기준으로 시대를 나눈 분이 어디 있는가? 이 말세의 때에, 예수님은 그대를 또한 한 알의 밀알로 부르신다. 그리스도를 만나면 그대의 생애도 그분을 만나기 전과 그 후로 나누어질 것이다.

○ 내가 진실로 진실로 너희에게 이르노니 한 알의 밀알이 땅에 떨어져 죽지 아니하면 그대로 있고 죽으면 많은 열매를 맺느리라(요 12:14)
○ 우리는 구원받는 자들에게나 망하는 자들에게나 하나님 앞에서 그리스도의 향기니(고전 2:15)

예수, 황혼에 돌아보다

가을 지리산(智異山)

가을 지리산에 갔었네.
산은 어디 먼 곳에 시집이라도 가는지
연지곤지 화사하게 단장(丹粧)하고
다소곳하게 앉아 있었네.

너 어디 시집이라고 가는 거니? 하고 물으면
계곡 깊이 다홍치마 옷자락을 여미고
수줍은 듯
붉은 입술 하얀 치아, 곱게 하늘로 미소 지었네.

바람에게 물어보렴.
나를 싣고 먼 길 떠날 가을바람에게 물어보렴.
내 밤길 밝혀줄 달에게도 물어보렴.

그들도 대답하지 않으면
이 골짜기 저 봉우리 생명 주신
하나님께 물어보렴.

그분이 봄날 꽃처럼 나를 곱게 단장했으니
내 가고 머무는 길
어딘들 그분 눈길 아래인데

사람아,
곱고 아름다운 것들은
모두 하늘에서 내려온 것들인데

나보다 더
하나님을 닮은 너, 사람아.

너도 곧 떠나야 할 가을은
너에게도 깊어만 가는데
너는 가랑잎처럼 굴러 어디로 가고 있니?

이 가을 네 마음 그분의 사랑으로 곱게 단장하고
너도 먼 길 떠나
하늘 영광의 왕에게로
시집을 가야 할 터인데
너는 왜 그분의 아름다움으로
이 가을 곱게 물들지 않았니?

가을 지리산이 얼굴을 붉히며 돌아가는
나의 등에
단풍 같은 손을 대고

햇살 따스한 손길로 어루만지며
깊은 물소리로 내 안의 계곡을 흐르며
조용히 말씀으로 나를 따라왔네.

예수, 황혼에 돌아보다

복음 단상

　　아침과 저녁과 낮과 밤, 잠과 깨어남. 봄 여름 가을 겨울, 유아기 청소년기 장년기 노년기 등등 시작과 끝을 알려주는 것들은 세상에 수도 없이 많다. 우리 인생도 끝이 있고, 언젠가 돌아가야 할 하늘 집이 있다. 그런데 그 하나님의 집은 거룩한 자들만이 들어갈 수 있다. 왜냐하면 하나님이 거룩하신 분이기에 그렇다. '거룩'(코데쉬(קֹדֶשׁ))이라는 말은, '구별되다'라는 뜻이다. 하나님을 위하여 구별된 것은 거룩하다. 하나님을 위해 구별된 장소는 성전이다. 성전에는 성소와 지성소로 또 구별되어 있다. 구별된 제물은 흠 없는 어린 양과 같은 제물이다. 구약의 거룩한 성전과 거룩한 제물의 성취가 어린양 예수 그리스도다. 사람은 모두 죄로 인해 더럽혀졌다. 그래서 여자의 후손으로 구별된 흠 없는 어린양 예수 그리스도의 무죄한 피만 인간의 죄를 씻을 수 있다. 성도도 원래는 죄인이지만, 그리스도의 피에 씻겼기에 거룩하다고 하나님이 인정하신다. 독자여, 그대의 인생에도 가을이 오고, 곧 떠나야 할 때가 온다. 거룩한 그리스도의 피에 그대의 모든 죄를 씻고, 그대 마음의 성소에 성령 하나님을 모시고, 그대의 참 아버지이신 하나님이 계신 거룩한 천국으로 돌아가지 않겠는가?

○ 또 그들을 위하여 내가 나를 거룩하게 하오니 이는 그들도 진리로 거룩함을 얻게 하려 함이니이다.(요 17:19)

○ 모든 사람과 더불어 화평함과 거룩함을 따르라 이것(거룩함: 단수로 거룩함을 받음—필자 주)이 없이는 아무도 주를 보지 못하리라 (히 12:14)

폭죽 유감(爆竹有感)

사람들이 밤하늘에 눈부시게 터지는
폭죽을 즐기는 것을 보면
사람들은 잊어버린 것이 틀림없다.

하나님이 밤하늘에
쏟아부어 놓은 그 영롱한 별들의 축제를
다 잃어버린 것이 틀림없다.
그래서 허접한 폭죽으로
스스로를 위로하는구나.

사람들이 하나님을 배반하니
이제 밤하늘조차 등을 돌리고
별들조차 사람들의 눈길을 피하는구나.

밤하늘 은하(銀河)의 축제를 잃어버린
인간의 그 공허한 비명,
폭죽으로 터지누나.
심령에 하나님 없는 사람들이 폭죽으로 허공에다
비명을 지르는구나.

천국을 잃어버리고 영혼을 잃어버린

예수, 황혼에 돌아보다

죽은 사람들의 비명이
잠시 밤하늘을 가르고 솟아오르는데

찬란하게 모두 살아 있는 것 같으나
폭죽과 함께 죽어
탄식하며 폭포처럼 무더기로 쏟아져 내리는구나.

사람들은 자신의 심령에 하늘 생명이 꺼진 것을
대신하여 밤하늘에다
저렇게
죽어 내리는 폭죽을
죽도록 쏘아대는구나.

복음 단상

　다음은 내가 자주 인용하는 프랜시스 톰슨이 쓴 「천국의 사냥개」라는 시다. 하나님을 피해 다닌 자신의 자전적인 이야기가 담겨 있는 시이기도 하다. 톰슨뿐 아니라, 사람들은 하나님을 찾기보다 하나님을 피해 도망 다닌다. 하나님을 피하기 위해 온갖 핑계를 대기도 한다. 그러나 하나님을 피하는 사람들에게는 언젠가 모든 것이 배반할 때가 반드시 온다.

　요즘 지구를 보면, 하늘도 바다도 인간을 배반하고 있다는 생각이 든다. 물론 인간의 타락 이후, 땅은 가시덤불과 엉킹퀴를 내었다. 이제 인간이 하나님을 배반하니, 하늘도 인간을 배반하고 있는 것 같다. 밤하늘의 장엄한 별의 축제가 사라지고 있다. 밤하늘의 찬란한 별의 축제를 못 본 지가 오래다. 그래서 사람들은 별의 축제 대신 폭죽을 쏘아 올리나 보다.

　독자여, 아래 톰슨의 시 중에서 '네가 나를 배반하기에, 모든 것이 너를 배반한단다'라는 마지막 구절과 함께 이 시를 통해 '나를 피하지 말고 나에게로 돌아오라'는 하나님의 간절한 목소리를 들을 수 있기를 바란다.

나는 그에게서 도망쳤네, 밤에도 그리고 낮에도.
나는 그에게서 도망쳤네, 수많은 세월 동안을.
나는 그에게서 도망쳤네, 내 마음 속 미궁 같은 길로.
그리고 슬픔 속에서도 나는 숨었네.
…(중략)…

나를 따라오는, 추적해 오는 그 힘찬 발소리로부터.

그러나 서두르지 않고

흐트러지지 않는 걸음걸이,

일부러 속도를 내며, 장엄한 긴박함으로

두드린다, ─ 그리고 한 목소리가 두드린다.

발소리보다 더 긴박하게 ─

"네가 나를 배반하기에, 모든 것이 너를 배반한단다."

O 여호와 하나님이 아담을 부르시며 그에게 이르시되 네가 어디 있
느냐(창 3:9)

O … 하나님은 빛이시라 … (요일 1:5)

수목장(樹木葬) 숲에서

수목장의 숲은 언제부터 이렇게 고요했을까
왜 다른 숲보다 깊어져 있을까
죽음을 안고 있는 숲이기에
죽음이 깨지 않게
숲은 더 낮게 조용히 숨을 쉬고 있는 것일까

언젠가 산 사람들도
이 고요한 숲속을 안개처럼 떠서 나무 사이를 거닐 때,
참된 자신을 보게 될 것이다.

모든 사람의 발자취가 사라진 곳에서도
새로운 길들이 열리고
숲의 나무들보다 더 깊은 침묵 속에서
그들이 그토록 기대고 서 있었던 것이 무엇인지
소스라치며 숲을 깨우며 날아가는
새처럼 깨닫게 될 것이다.

―한번 죽은 사람들의 영혼이 고요히 떠
나무 사이를 안개처럼 거닐 때―

그러나 두 번 죽은 사람들의 영혼은 여기에 없고

예수, 황혼에 돌아보다

언젠가 하나님이
그들의 이름을 부르며 그들을 다시 하늘 숲의
고요함과 평안으로
하늘 길을 낸다는 것을 알게 될 것이다.

이 땅의 숲은 언제나 고요하고
한번 죽은 사람들의 영혼들은
죽음의 지친 침묵 속에 갇혀 안개처럼 떠오르지만

그리스도와 함께 나무 십자가에서
자아를 못 박아 죽여서
이미 하늘 수목장을 지낸 한 번 죽은 사람들은
여기 이 땅의 숲속에 묻힐 무덤이 없고

부활의 주님과 함께
하늘 숲을 거닐며 서로의 마음의 고요함으로
서로에게 더 깊어 가는 사랑으로
생명시내 흐르는
하늘 숲길을 걷는다는 것을
이 숲의 고요를 깨우며 날아가는 새처럼
소스라치듯 알게 될 것이다.

아내의 지인이자, 나도 아는 약국을 하시던 집사님이 돌아가셨다. 여행 중에 그분이 묻혀 있는 수목장 숲을 찾았다. 그런데 어리석은 일이라는 생각이 들었다. 수목장 숲을 찾은 것이 어리석은 것이 아니라, 그분은 믿는 분이었으므로, 그분의 영혼은 주님과 함께 있을 것이기 때문이었다. 먼저 떠난 지인 중에, 직장 동료이기도 하며, 믿음의 좋은 선배이기도 한 장로님이 있었다. 그분을 생각하면, 조금도 슬프지 않다. 그 장로님이 자주 인용하던 말씀이 생각이 난다. 에베소서 2장 3-6절 말씀이다.

'전에는 우리도 다 그 가운데서 우리 육체의 욕심을 따라 지내며 육체와 마음의 원하는 것을 하여 다른 이들과 같이 본질상 진노의 자녀이었더니 긍휼이 풍성하신 하나님이 우리를 사랑하신 그 큰 사랑을 인하여 허물로 죽은 우리를 그리스도와 함께 살리셨고 (너희는 은혜로 구원을 받은 것이라) 또 함께 일으키사 그리스도 예수 안에서 함께 하늘에 앉히시니'

특히 그 장로님은 6절의 말씀을 좋아했다. '또 함께 일으키사 그리스도 안에서 함께 하늘에 앉히시니' 장로님은 그것이 '현재형'이라고 덧붙였다. '지금 그리스도와 함께 하늘에 앉아 있다'는 뜻이라고 했다. 그렇다. 성도는 지금 그리스도 안에서 천국을 '이미' 누리고 있다. 그리고 지금 그리스도 함께 '지금' 하늘에 앉아 있다. 그래서 성도의 현재 상태를 '이미 와 아직'이라는 말로 표현한다. 성도는 그리스도 안에서 '이미' 구원받은 상태다. 그런데 그 완성이 '아직'인 것이다. 독자여, 이 글의 마지막에 다시 권한다. 그리스도 예수 '안'으로 들어오라. 그분도 그대 '안'으로 들어오실 것이다. 예수님은 성도와 하나님과의 완전한 연합을 위하여 이렇게 기도했다. 누가 이런 기도를 드릴 수 있을까?

'아버지여, 아버지께서 내 안에, 내가 아버지 안에 있는 것 같이 그들도 다 하나가 되어 우리 안에 있게 하사 세상으로 아버지께서 나를 보내신 것을 믿게 하옵소서 내게 주신 영광을 내가 그들에게 주었사오니 이는 우리가 하나가 된 것 같이 그들도 하나가 되게 하려 함이니이다 곧 내가 그들 안에 있고 아버지께서 내 안에 계시어 그들로 온전함을 이루어 하나가 되게 하려 함은 아버지께서 나를 보내신 것과 또 나를 사랑하심 같이 그들도 사랑하신 것을 세상으로 알게 하려 함이로소이다.'(요 17:21-23)

○ 이 세상도 정욕도 지나가되 오직 하나님의 뜻을 행하는 자만 영원히 거하느니라(요일 2:17)

○ … 지금 이후로 주 안에서 죽는 자들은 복이 있도다 하시매 성령이 이르시되 그러하다 그들이 수고를 그치고 쉬리니 이는 그들의 행한 일이 따름이라 하시더라(계 14:13)

에필로그

몇 번의 곡절 끝에 글이 완성되었다. 일찍이 시를 먼저 썼다. 그런데 오래전부터 시(詩)만으로는 구체적으로 전하지 못한 복음을 덧붙여야겠다는 감동이 있었다. 복음을 명료하게 전해야 한다는 마음이 더 컸다고나 할까. 그래서 복음 단상을 추가했다. 원래 시는 사족을 잘 붙이지 않는 법이다. 그럼에도 복음 단상이 필자에게는 전혀 사족처럼 느껴지지 않았다. 오히려 시집을 읽다 보면, 복음 단상이 본질이고, 시가 오히려 사족처럼 느껴지기도 한다. 감사한 일이다.

첫 시집 『마음의 샘터에서』의 평론에 이어 추천사를 기꺼이 써 주신 박남훈 목사님께 이 자리를 빌려 감사를 전한다. 그의 목회와 문화비평 사역이 날로 하나님의 은혜로 깊고 넓어지기를 기도한다. 그리고 고신대의 송영목 교수님께도 감사의 마음을 전한다. 오랜 친구인 이민희(주님의 교회) 목사로 인해 알게 된, 송 교수님과 식사 교제 중에, 근황을 묻는 교수님께 시를 쓰고 있다고 하면서, 추천의 글을 부탁을 드리게 되었다. 귀한 시간을 내어 주셔서 이 자리를 빌려 감사의 마음을 전한다. 송 교수님의 학문과 사역에도 하나님의 사랑과 지혜로 풍성한 열매를 맺어, 우리나라 교회와 신학계가 그가 맺은 열매를 함께 누리는 복을 받기를 기도한다.

예수 그리스도를 통해 나타난 하나님의 놀라운 사랑을 독자들에게 전하고 싶었다. 그러나 예수 그리스도와의 인격적인 사랑의 교제가 없는 불신자들에게 이 글은 결코 쉬운 글이 아닐 것이다. 그런데 어찌

예수, 황혼에 돌아보다

랴. 이 시들 자체가 불신자들에게 도움이 되길 바라는 마음으로 쓰였다. 그들에게 도움을 주고자 하면서, 그들에게 배척당하고 멸시받을 일이 많은 시들이며, 더러는 그들을 비판하는 시들이니… 어찌 그들이 이 시를 즐거워하겠는가.

지난 봄에 한 달 동안 북한강변에서 글을 좀 써야겠다는 생각으로 집을 떠났었다. 오랫동안 손을 놓았던 희곡을 통해 주님의 영광을 드러내는 글을 쓰고 싶었다. 그런데 글을 거의 쓰지 못했다. 늦은 나이에 하나님이 주신 자연을 즐긴 것만으로도 감사할 일이지만, 체력과 지력이 떨어진 나이 탓이기도 하다. 그럼에도 아무 글을 쓰지 않아도 하나님은 여전히 나를 사랑하신다는 깨달음과 오히려 기도로 하나님의 임재로 더욱 내면을 채워야겠다는 깨달음만 가지고 돌아왔다. 신앙시나 어떤 글도 주님을 대치할 수 없고, 어떤 기독교 문학과 예술도, 아름다운 자연도, 심지어 목회 사역도 하나님의 임재를 대치할 수는 없는 법이다.

그러므로 주님은 나의 영원한 기도 제목이며, 또한 영원한 찬양의 주제이시니, 나 같은 죄인을 부르시고, 오래 참으시고, 만나주시고, 함께하시며, 앞으로도 영원히 함께하실 주님께 이 자리를 빌려 감사를 올려드린다. 그 무엇보다 주님이 나의 주님이신 것으로 인해 감사드립니다. 영원토록. 아멘.

예수, 황혼에 돌아보다

초판 1쇄 2024년 2월 15일

지은이 하창길
발행인 박남훈
교정/교열 김혜린
마케팅 이연실
디자인 박효은

발행처 도서출판 세컨리폼
제작대행 도서출판 지식공감
등록번호 제2015-000007호
주소 부산시 금정구 금강로279번길61 장전현대2차아파트 1706호
전화 051-753-1583
팩스 051-558-6770
이메일 pnahoo@hanmail.net

가격 14,000원
ISBN 979-11-986185-0-4   03230